Dieses Buch ist unseren geliebten Kindern gewidmet,
die leider vor uns diese Welt verlassen mussten.
Auf vielfältige Art und Weise haben sie uns
zu unseren Tattoos inspiriert.

Dominik   *Mikan*

Joshua *Moritz*   *Fabio* *Sarah W.*

Tobias *Steven* *Sarah P.* *Janine* *Andi* *Marcel*

Noah *Lily-Marleen* *YANNIK* *Michél* *Jessica*

Liam *Sebastian* *Frank* *Maik* *Hendrik*

Calvin   *Dwayne*

Stella Katharina

Julian

„IHR SEID FÜR IMMER UNVERGESSEN"

Whisper von Soul

tintenscHmERZ

TATTOOS ERZÄHLEN VON UNSEREN VERSTORBENEN KINDERN

Bibliografische Information der Deutschen Nationalbibliothek:
Die Deutsche Nationalbibliothek verzeichnet diese Publikation in der Deutschen Nationalbibliografie; detaillierte bibliografische Daten sind im Internet über http://dnb.dnb.de abrufbar.

© 2014 Whisper von Soul e.V.
www.whispervonsoul.blogspot.de
Herstellung und Verlag: BoD - Books on Demand, Norderstedt

ISBN: 978-3-7347-4814-1

Inhaltsverzeichnis

Einleitung

Der Tod eines Kindes ist für Eltern wohl das Schlimmste, was passieren kann. Das eigene Kind zu Grabe tragen zu müssen ist einfach unbegreiflich.

Es ist ein Abschied von einem geliebten, jungen Menschen, der noch so viele Lebensjahre vor sich gehabt hätte. Der tragische Verlust ist durch nichts auf der Welt wiedergutzumachen. Man wird seiner Zukunft beraubt. Der gemeinsamen Zukunft mit seinem Kind.

In diesem Buch geht es um „festhalten wollen", „loslassen müssen" und darum, sich eine ganz persönliche Ewigkeit zu schaffen.

Eltern verstorbener Kinder spüren eine tiefe, unstillbare Sehnsucht nach Nähe. Um die Trauer zu verarbeiten und die Sehnsucht auszudrücken, lassen sich verwaiste Eltern im Gedenken an ihr Kind tätowieren. Ein Namensschriftzug, ein Porträt, ein Fußabdruck, ein bestimmtes Erinnerungsdatum. Ein Zeichen, das sie mit ihrem geliebten Kind verbindet.

So unterschiedlich, wie die Geschichten der Autoren sind, so unterschiedlich sind ihre Tattoos. Alle haben jedoch gemeinsam, dass sie durch diese ganz besondere Tintenkunst ein sichtbares Zeichen setzen wollen. Eine unvergängliche Erinnerung am eigenen Körper, an das vergängliche Leben des geliebten Kindes.

Die Autoren erzählen von unterschiedlichen Schicksalen, aus denen einmalige Gedenktattoos für wunderbare Menschen entstanden sind.

Tattoos, die Verbindungen schaffen. Von den Lebenden zu den Toten. Tattoos mit einer unbeschreiblich tiefen Bedeutung. Als Teil der Trauerbewältigung schaffen sie eine für Außenstehende unerklärliche Nähe zwischen Eltern und ihren verstorbenen Kindern.

Es sind Tattoos, die der Seele gut tun.

Tattoo

Hautnah hol' ich Dich zu mir zurück,
indem ich den endlosen Raum verrück'
bis in meine Haut.
Dort hab ich mein Denkmal der Liebe erbaut.

Mein Vermächtnis für dich
als Tintenstich
gestochen scharf in meine Haut gebettet,
hat Erinnerung vor dem Verblassen gerettet.

Auch wenn Tränen lachen und Schmunzeln still weint,
sind wir im Bildnis der Liebe vereint.
Hier bist du in mir immer da -
ich trage dich - mein Kind - hautnah.

© Alexandra Wirth

Andi B.
*14.02.2007 +26.08.2013

Wie soll ich nur ohne dich leben ...
Ich wollte dir doch noch so viel geben ...

Liebe ... und Dankbarkeit ...
doch du bist weg ... so weit ...

Du kommst nie mehr zurück
und ohne dich auch kein Glück!

Gebrochen ist mein Herz ...
Unerträglich der Schmerz ...

Wir lieben dich ... so sehr ...
Und vermissen dich von Tag zu Tag mehr ...

Doch ein Gedanke hilft uns, „weiter zu gehen" ...
... dass wir uns am Ende des Regenbogens wiedersehen!

Unsere Tattoos erzählen deine Geschichte, Andi ...
Geschichten ...

So gerne hab ich dir Geschichten erzählt, als du noch bei uns warst ... selbst erfundene Geschichten ... und du hast sie geliebt ...

Heute erzähle ich dir DEINE Geschichte ... eine Geschichte, die das Leben schrieb ...

Ich liebe deine Geschichte!
Nur das Ende nicht ...

... und weil du immer noch ein Teil unseres Lebens bist und immer bleiben wirst, werde ich dein Leben nicht in der Vergangenheit erzählen ...

Das Licht der Welt erblickst du am Tag der Liebe ...

Am 14. Februar 2007 machst du unsere Familie komplett und unser Glück perfekt.

Eigentlich heißt du Andreas, aber alle nennen dich Andi ...
... und wir werden dich immer bei deinem Namen nennen!

Zusammen mit deinen Geschwistern Dennis (*26.08.1994) und Alexandra (Alex, *21.01.2004) und natürlich mit Papa und Mama wächst du in einem kleinen Dorf in Bayern auf.

Du bist ein kerngesunder, kleiner Junge ... ein Wirbelwind ... voller Energie und Temperament ... immer gut gelaunt und fröhlich. Eigentlich lachst du den ganzen Tag. Du bist freundlich und frech ... aber „süßfrech" ...

Du liebst es, mit deinen Geschwistern durch den Garten zu toben ... mit deinem Bruder Fußball zu spielen ... mit deiner Schwester Bobby-Car-Wettrennen zu veranstalten ... mit Papa in der Garage zu arbeiten ... und mit mir (und für mich) Blumen zu pflücken ... Gänseblümchen und Pusteblumen ...
Ganz besonders gern fährst du mit deinem Tretbulldog durch die Gegend ... je wilder, umso lieber ...

Es vergeht kein Sommer ohne Schürfwunden und aufgeschlagene Knie.

Jeder zweite Satz, den du hörst, lautet: „Andi, nicht so schnell ... nicht so wild!!!"

Doch du lachst nur ... und machst weiter ... und du steckst alle mit deinem Lachen an!

DU LIEBST DAS LEBEN! Und du bist rundum glücklich!

Mit drei Jahren darfst du zusammen mit deiner Schwester in den Kindergarten gehen und auch daran hast du viel Freude und Spaß.

Als Alex nach den Sommerferien eingeschult wird, würdest du den Kindergarten nur zu gerne überspringen, um auch gleich lesen zu lernen.

Denn das willst du unbedingt ... ganz bald ... lesen lernen!

Im Oktober 2010 wirst du krank ...
... wochenlang rätseln die Ärzte und können nicht genau sagen,
was los ist ...

Doch im Dezember 2010 bekommen wir eine Diagnose ...
Eine Diagnose, die unsere kleine, perfekte, glückliche Welt ins Wanken geraten lässt ...

Leukämie ...

Nach dem ersten Schock beginnt der Kampf um dein so junges Leben!
Du kämpfst! Tapfer! Mutig! Stark!
Und wir kämpfen mit dir! Hand in Hand!

...

Wenn du groß bist, möchtest du ein Superheld werden ...

... wie HULK - er ist dein Lieblings-Superheld!

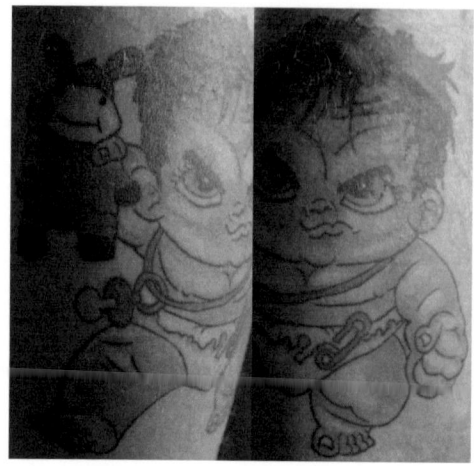

Als wir Weihnachten 2013 (das erste Weihnachten ohne dich) wegfahren (wir fliehen vor dem Weihnachtsfest), entdecken wir fern von zu Hause in einem kleinen Laden ein T-Shirt ... in deiner Größe ... und vorne abgebildet ist: Baby-HULK

Dieses T-Shirt ist „wie für dich gemacht" ... und wir sind traurig, weil wir es nicht „für dich" kaufen können ...

... doch es ist, als würdest du uns damit ein Zeichen schicken ... als ob du uns damit sagen willst, dass du bei uns bist ...

Und darum kaufen wir das T-Shirt doch für dich ... es liegt in deinem Zimmer ... auf deinem Bett ...

DU bist UNSER Superheld, Andi! Und du wirst es immer bleiben!
Während der ganzen Zeit deiner Erkrankung ist „Erwin" dein bester Freund und dein treuer Begleiter ...

Erwin ist ein kleiner Kuschel-Esel, der immer an deiner Seite ist ... und immer bleiben wird ...

Und weil der kleine große Superheld und Erwin zusammengehören, entscheidet Papa sich für dieses Motiv ...

16

...

Grün ist deine Lieblingsfarbe.

Wenn deine Haare wieder gewachsen sind, möchtest du einen grünen Iro-kesenschnitt ...

Später ändert sich das aber ... dann gefällt dir Blau besser ...

Du hast so viele Wünsche und Pläne ... du hast so viel vor ... du möchtest noch so viel erleben ...

Ein großer Wunsch von dir ist es, einmal auf einem echten Zebra zu reiten ...

... doch dieser Wunsch wird dir nicht mehr erfüllt ...

...

Der kleine Dinosaurier „Yoshi" ist deine Lieblingsfigur bei den „Super-Mario"-Spielen ... und wenn du groß bist, möchtest du dich tätowieren las-sen ... ein grüner Yoshi soll es werden.

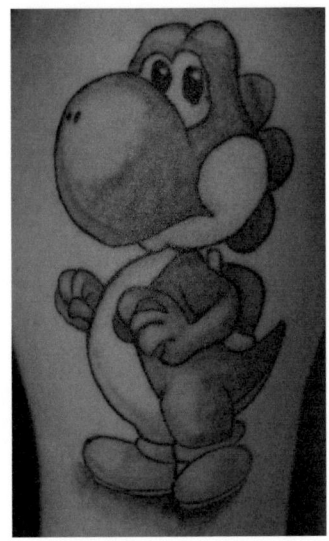

Weil du auch das nicht mehr erleben darfst, entscheidet sich dein Bruder Dennis für dieses Motiv ... er trägt jetzt nicht nur dich in seinem Herzen, sondern auch einen grünen Yoshi auf seinem Arm ... zur Erinnerung an dich ...

...

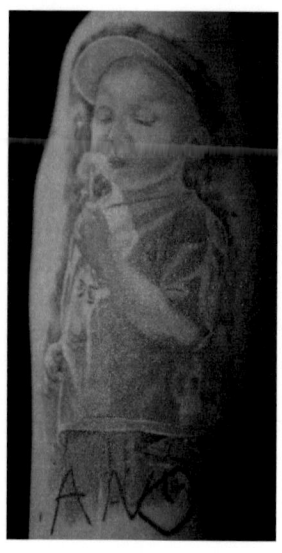

Andi, dieses Foto von dir machen wir am 7. Mai 2011. Es ist ein sonniger Tag, den wir alle im Garten verbringen.

Zu dieser Zeit bist du mitten in der Leukämie-Therapie ... doch es geht dir gut ...

... du stehst in der Wiese ... mit einer Pusteblume in der Hand ... und strahlst so viel Ruhe und Ausgeglichenheit aus ...

Das „Pusteblumen-Foto" ist mein Lieblingsbild von dir.

Darum trage ich dieses Bild von dir auf meiner Haut ... zusammen mit deinem Namen in deiner Handschrift ...

...

Deine Tapferkeit und dein Mut werden belohnt.
Ab September 2011 bist du in der Erhalt-Therapie. Du bist gesund.

Nicht geheilt (noch lange nicht) - aber gesund!

Du fängst gerade an, dein Leben wieder zu leben ... du gehst in den Kindergarten ... du spielst mit deinen Freunden ... du bist einfach nur KIND! So
wie es sein soll ...

...

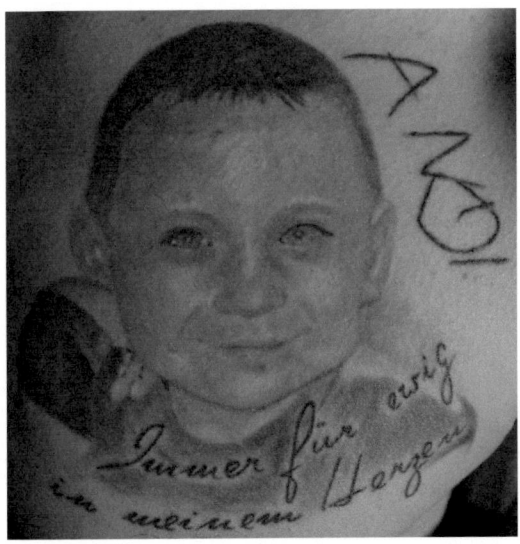

Andi, Papa sieht sich besonders gern Aufnahmen von dir an, auf denen du
noch klein bist ... und gesund ...

... und die Fotos, die nach der Leukämie-Therapie entstehen ...

Denn du hast den Krebs bereits besiegt und wir sind so glücklich ... weil wir
daran glauben, dass jetzt alles wieder gut wird ... weil wir jetzt Dinge zu
schätzen wissen, die man gar nicht sieht, wenn einem alles selbstverständlich erscheint ...

Papa lässt sich dieses Porträt von dir tätowieren, weil es eins seiner Lieblingsfotos von dir ist ...

... weil man darauf das Strahlen in deinen Augen sieht ... das Glück, das dir ins Gesicht geschrieben steht ... die Lebensfreude ... die Dankbarkeit dafür, dass du leben darfst ...

„Immer für ewig in meinem Herzen" - hat eine ganz besondere Bedeutung für uns ...

Als Kleinkind bringst du immer die Reihenfolge der Wörter durcheinander ...
Statt „Für immer und ewig" sagst du „Immer für ewig" ...

Diese drei Worte werden uns begleiten ... immer für ewig ...

...

Doch der Krebs kommt zurück. In einer anderen Form. Im Februar 2012 bekommen wir die nächste niederschmetternde Diagnose ...

Neuroblastom IV, Primärtumor im Bauchraum und Metastasen im Kopf und im Knochenmark ...

Du nimmst den Kampf erneut auf! Und wir gemeinsam mit dir!

Du zeigst uns, wie „stark sein" geht!

Du gibst nicht auf und dein Motto lautet:
„NEGU - Never Ever Give Up"

Diese Zeit wird härter ... die Krankenhauszeit länger ... die Angst größer ...

Nach einer erneuten Chemotherapie, einer Bauch-OP, einer MIBG-Therapie, einer zusätzlichen hochdosierten Chemotherapie, einer Stammzellentransplantation und einer Schädelbestrahlung hast du den Krebs ein zweites Mal besiegt!

Bei den letzten Kontrolluntersuchungen im Juli 2013 werden keine Krebszellen mehr entdeckt.

Du bist krebsfrei!

Und wir können unsere lang ersehnte (schon dreimal verschobene) Familien-Reha auf Sylt antreten.

Diese Reha soll unser Neuanfang werden. Der Start in unser neues Leben!

Am 21. August 2013 machen wir uns dann endlich auf den Weg an die Nordsee.

Die Fahrt dauert lange und strengt dich sehr an ...
Doch wir sind uns sicher, dass du dich auf Sylt schnell erholen wirst und nach vier Wochen gestärkt mit uns nach Hause fährst ...

Aber das Schicksal schlägt ein weiteres Mal zu ... härter als je zuvor ...

Auf der Insel angekommen, geht es dir immer schlechter.

Am nächsten Tag bringt dich ein Rettungshubschrauber nach Kiel ... auf die Kinder-Intensivstation.

Die Ärzte kämpfen tagelang um dein Leben ...

Doch deine Kraft reicht nicht mehr ... gegen eine dritte Krankheit (HLH) kannst und willst du nicht mehr kämpfen ...

Wir flüstern dir ins Ohr, dass wir immer an deiner Seite weiterkämpfen werden ... dass wir dich aber loslassen, wenn du keine Kraft mehr hast und nicht mehr kämpfen willst ...

Wir lassen dich fliegen ...

Am Abend des 26. August 2013 schläfst du in unseren Armen ein.

...

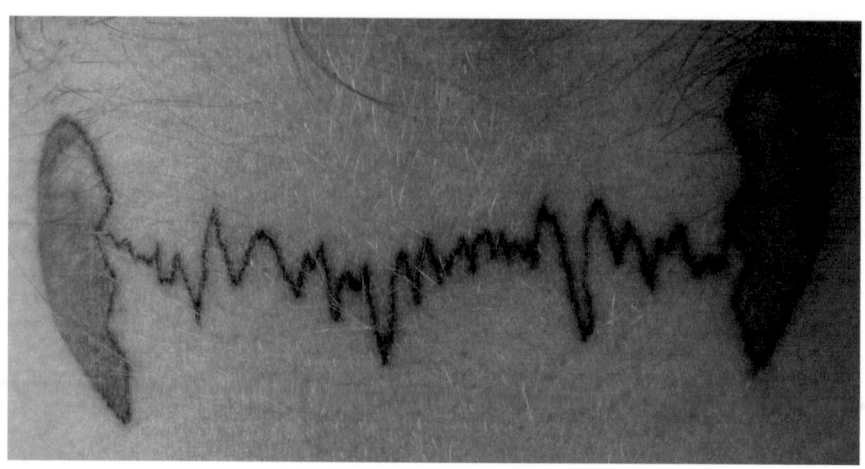

Andi, unsere Herzen zerbrechen in der Sekunde, in der dein Herz aufhört zu schlagen ... und ein Teil von uns stirbt mit dir ...

Zwischen diesen beiden auseinandergebrochenen Herzhälften ist DEIN Herzschlag ... auf meiner Haut ...

...

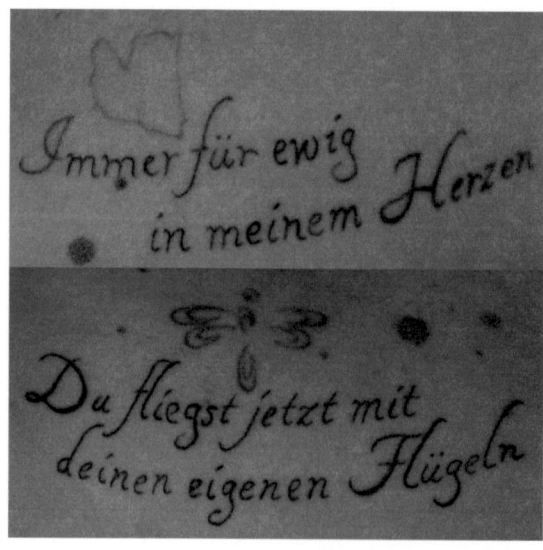

Seit du nicht mehr bei uns bist, Andi, bekommen wir viele Zeichen von dir
...

Ganz oft in Form einer Libelle ...
... und immer, wenn wir eine Libelle sehen, spüren wir, dass sie von dir kommt ... dass du sie uns schickst ..., dass du uns ganz nah bist ...

Und ich bin sicher: Du fliegst jetzt mit deinen eigenen Flügeln - vielleicht als Libelle ...

„Immer für ewig in meinem Herzen" ...
Zusammen mit dem Herz, das du an meinem Geburtstag für mich gemalt hast ... in der von dir gewählten Farbe ... trage auch ich „deine Worte" nun über meinem Herzen ... auf meiner Haut ...

...

... mit jedem Tag vermissen wir dich mehr ...
... mit jedem Tag lieben wir dich mehr ...
... niemals vergessen wir dich!!!!!

Andi - Immer für ewig in unseren Herzen!

… und auf unserer Haut!

Danke, dass du bei uns warst ... und immer bleiben wirst!

Unser Dank gilt auch Steffi Meier von „Bloody Harry Tattoo" in Schwarzhofen und Christian Scherm von „Inkubus Tattoos" in Wiesau. Durch sie tragen wir dich, unser Kind, immer für ewig auf unserer Haut!

In Liebe, deine Mama
... am Ende des Regenbogens sehen wir uns wieder!

Claudia B.

Calvin S.
*10.01.1996 +14.11.2010

Lieber Calvin,

wir schreiben ein neues Buch über Tattoos. Die Tattoos, die wir haben, nachdem ihr nach Hause gereist seid. Es ist unglaublich schwer, einen schönen, sinnvollen, tollen oder gar mitfühlenden Anfang zu finden.
Immer mit dem Wissen im Hinterkopf, dass diese Zeilen sehr viele Menschen lesen werden. Also versuche ich es erst gar nicht mehr, sondern schreibe einfach drauf los. Sonst kann ich den Einsendeschluss nicht einhalten und denke vermutlich jahrelang darüber nach.

Ich werde niemals in meinem Leben die letzten Momente mit dir vergessen. Ebenso wenig wie diesen einen Anruf. Du warst so lustig. Und frisch verliebt. Und hast mich auf Japanisch veräppelt.

Und dann kam dieser Anruf. Aber ich greife vor. Ich möchte, dass die Menschen da draußen wissen wie unser letzter Moment war. Ich beginne von vorne.

Lieber Leser, das ist unsere Geschichte.

Es war gegen 17.00 Uhr, als Calvin mit seinem Freund nach Hause kam und fragte, ob ich ihn in die Stadt fahren würde. „Klar", hab ich gesagt, lieber fahre ich, als irgendwer. So bin ich halt. Meine Eltern waren auch da und als wir fuhren, haben sie sich verabschiedet. Niemand ahnte, dass es DER Abschied sein würde.

Während der Fahrt fragte ich mehrfach, wo sie hinwollten, und sie entschieden sich, dass ich sie in der Stadtmitte raus lassen soll. Ich lachte noch und meinte: „Hey, ihr geht doch eh bestimmt in den McDonald, dann kann ich euch gleich hoch fahren!" „Ne, lass mal. Stadtmitte!" Während der Fahrt erklärte mir Calvin noch, dass er, wenn er fertig studiert hat (er wollte Meeresbiologe werden) in Spanien anfangen wollte. Ein kleines Ferienhaus dort kaufen und dann rein ins Meer. Und dann, Stück für Stück, die Weltmeere erforschen, Tiere retten, die Natur retten. Leben retten.

Etwa gegen 17.30 Uhr stiegen die Jungs aus dem Auto. Stadtmitte. Der letzte Bus würde um 20.05 Uhr fahren. Ich sagte noch, er solle anrufen, wenn er im Bus sei (Ich war immer so). „Boah, ja, Mama. Mir passiert schon nichts!" (Das sagt wohl jedes Kind!). Ich erklärte noch, dass ich sie, sollten sie den Bus verpassen, gerne abhole. Nur anrufen. Auf keinen Fall stoppen. Sein Freund sagte: „Ne, so'n Scheiß machen wir nicht. Dann laufen wir lieber!" „Ne", erwiderte ich: „Anrufen. Nicht laufen. Das ist zu dunkel, zu kalt und doof. Ich hol euch dann. Ist echt kein Problem!" Die Jungs lachen nochmal und wir verabschieden uns.

Etwa um 18.00 Uhr stand ich in der Küche und habe an dich, meinen Sohn, gedacht. Ich lächelte in den Himmel, dann starrte ich mehrere Minuten in den schwarzen Himmel und fragte mich, wieso ich an dich dachte ... (Später erfuhr ich, dass dies der Zeitpunkt deines Sterbens war! Aber Liebling, ich war in Gedanken bei dir, wenn auch aus anderen Gründen - aus lebendigeren Gründen. Aber ich war da. Mit dir verbunden!!! Ich habe dich nicht alleine gelassen). Um 18.38 Uhr klingelte mein Telefon - es war die Mutter des Freundes. „Yvonne, du musst schnell kommen. Calvin ist was Schlimmes passiert, er hatte einen schrecklichen Unfall!" Ich bin gefahren wie eine Gestörte. Mir war alles egal ... vor dem Unfallort war Stau, ich fuhr auf der Gegenspur weiter, bis hinter das Polizeiauto. Die beiden Polizisten kamen auch direkt auf mich zu. Die Unfallstelle selbst war nicht abgesichert. Kein

Warndreieck, geschweige denn eine Sicherung der Spuren. Unzählbar viele PKWs fuhren bis ans Heck des Unfall PKWs über die Spuren auf der Straße, um dann auf der Gegenfahrbahn an der Unfallstelle vorbeizukommen.

Ein Beamter klärte mich auf, dass mein Sohn inzwischen auf dem Weg in die Klinik war ... sie konnten mir nicht einmal den richtigen Namen der Klinik sagen, was blöd ist, weil in Ulm viele Kliniken sind (Sie sagten mir einen Kliniknamen, den ich noch nie zuvor gehört hatte!!! Und diese Klinik gibt es in Ulm auch nicht! Jeder, der jemals im Schockzustand war, weiß, dass man in solchen Momenten im Leben keinen Zugriff auf logische Gedanken hat). Es sähe schlecht um ihn aus. Er sei selber schuld! Wie der Unfall passiert sei? Das wisse man nicht. Aber er sei selber schuld! Ich habe darauf bestanden, den Ort zu sehen, wo mein Sohn aufschlug, nachdem ihn das Auto erfasste. Es war voller Blut. Es sah schlimm aus und in diesem Moment wusste ich, dass mein Sohn im Sterben lag. Dennoch hoffte ich auf ein Wunder ... was ich bis zum Schluss tat!

Mit meinem Freund fuhr ich sofort nach Ulm. Unterwegs riefen wir mehrfach meine Eltern an, weil wir ja diese „Scheiß" Klinik nicht kannten. Auf gut Glück fuhren wir in die UNI Klinik. Wir fragten in der Notaufnahme nach meinem Sohn. Unfallopfer aus Laupheim. „Ah, ja, der Fahrradfahrer!" „Nein", sagte ich. „Der Fußgänger!" „Ne, ne, uns wurde er als Fahrradunfall angekündigt!" „Wurden noch andere aus Laupheim gebracht?" „Nein, nur der Schüler!" Damit war klar, mein Sohn war da. Zuerst, in der Notaufnahme angekommen, musste ich Bürokratie erledigen. Den Fragebogen ausfüllen. Ich fragte den jungen Mann, der mir den Bogen in die Hand drückte, wie es meinem Sohn gehe. Und jetzt zitiere ich seine Antwort: „Och, dem gehts gut. Den können sie wahrscheinlich heute oder morgen wieder mitnehmen!"

Etwa eine Stunde (?) später kam ein Arzt heraus, mit einer Schwester und sie nahmen mich mit in ein Behandlungszimmer. Ich habe nur noch wenige Erinnerungen an dieses Gespräch. Dieser Arzt, ein wirklich gefühlvoller Mann, erklärte mir, dass er Chirurg sei und bis jetzt bei Calvin war. Er könne nichts für meinen Sohn machen, da er für innere Verletzungen zuständig sei, aber mein Sohn habe keine Verletzungen, die er behandeln könne. Hier wurde ich erst mal aufgeklärt, wie es um ihn stand. Er hatte schwerste Kopfverletzungen. Schweres Schädelhirntrauma. Der starke Aufprall, der Rückschlag und der Aufprall auf den Boden, nachdem er durch die Luft geschleudert wurde, waren bereits tödlich. Er starb schon wenige Momente nach dem Unfall am Unfallort. Wahrscheinlich gleich, nachdem er auf den Boden geprallt war.

(Inzwischen weiß ich, dass Calvin komplett über das Auto geflogen war, welches UNGEBREMST in ihn fuhr!!! UNGEBREMST!!! Auch weiß ich inzwischen, dass der Fahrer den Notruf absetzte über einen verunglückten Fahrradfahrer! Calvin war aber kein Fahrradfahrer. Er war Fußgänger!!!)

Der Notarzt hatte ihn 22 Minuten reanimiert und dann wurde er in die UNI gefahren. Calvin hatte zwei Halswirbelbrüche, T2 und T3, Schädelbasisbruch, das Gehirn schwerst geschädigt. Es dauerte lange, bis ich zu meinem Sohn durfte und als es endlich soweit war, lag mein Junge da, als würde er nur schlafen. Ich bin zu ihm und habe mit ihm gesprochen.

„Schatz, Liebling, ich bin jetzt da. Calvin, ich bin bei dir. Ich liebe dich." Ich habe ihn geküsst, seine Hand gehalten. „Calvin, geh bitte in dich. Schau dir deine Verletzungen an. Du erinnerst dich, man kann ALLES heilen, ich hab dir das mal erklärt. Nichts ist unmöglich. Aber Schatz, wenn du die Verletzungen nicht hinbekommst, dann geh nach Hause. Ich lass dich los. Weil ich dich liebe und nur das Beste für dich will. Aus Liebe!" Eine blutende Träne verließ sein Auge und rollte über seine Wange.

Seine Seele sprach zu meiner Seele und wir haben den ersten Moment für uns „bereinigt". Calvin schickte mich nach Hause. Er wusste, dass ich da war, er hat mir vom Unfall berichtet, seine letzten Sekunden gezeigt. Er wollte, dass ich gehe. So intensiv konnte ich meinen Jungen spüren. In dieser Nacht um kurz vor zwei Uhr weckte seine Seele mich zu Hause. Ich sah ihn „gehen" und rief: „Schatz, bitte, geh nicht!" Er sagte ruhig: „Doch Mami, ich kann nicht mehr zurück. Ich gehe jetzt!" Ich weinte und schrie: „Nein Calvin, bitte, ich kann nicht ohne dich!" „Mama ich liebe dich!"

In dieser Nacht kam der Hirntod. Und zwei Tage später reiste Calvin für immer zu den Sternen.

(Die ganze Geschichte kannst Du, lieber Leser, auf unserer Homepage www.mein-calvin.de nachlesen.)

Anfang Januar waren wir zusammen auf einer Bikermesse. In Ulm. Ich weiß leider nicht mehr allzu viel, ich stand immer noch unter Schock. Meine Welt stand weiterhin still, während die sich da draußen so unglaublich schnell bewegte. Wir waren viel unterwegs in dieser Zeit, einfach so.

Also trödelte ich mit meiner Mama auf der Messe ein bisschen rum und plötzlich standen wir vor diesem Tätowierer. Ich fragte, wie lange ich auf einen Termin warten müsse, und wie das denn so ablaufe. Er machte mir allerdings wenig Hoffnung, dass ich gleich dran kommen könne, da er bereits eine lange Liste an Kunden hatte. Dennoch bat er mich aufzumalen, was ich mir denn vorstelle. Das habe ich getan. Ich habe deinen Namen, dein Geburtsdatum sowie dein Sterbedatum aufgeschrieben und, weil ich zwei Kinder habe, die ich liebe, auch den Namen deiner Schwester sowie ihr Geburtsdatum.

Der Tätowierer kam dann, sah es an, las es nochmal, schaute zu mir, und sagte: „Gib mir zehn Minuten, ich hübsch es auf für dich. Und dann stechen wir es jetzt gleich." Meine Mama fiel beinah in Ohnmacht, aber sie blieb ganz tapfer neben mir stehen und schaute zu. (Sie hat unglaubliche Angst vor Nadeln, geschweige denn ein freundschaftliches Verhältnis zu Tattoos!)

Ich möchte hier, an dieser Stelle INK FOR LIFE, Ralf und Tina, danken. Und zwar aus vollem Herzen.

Wir haben uns auf Efeuranken um den Namen herum entschieden, denn Efeu steht für Liebe, Freundschaft und Treue. Der sehr alte Brauch, Efeu auf ein Grab zu pflanzen, soll den Glauben an das ewige Leben, die Liebe und Treue über den Tod hinaus versinnbildlichen. Die herzförmigen Blätter stehen für die unendliche Liebe und das immergrüne Gewächs bekräftigt den gerne benutzten Grabspruch: Die herzförmigen Blätter stehen für die unendliche Liebe.

Das haben wir auch so getan. Inzwischen habe ich das Tattoo fertig gemacht. Calvin, du hast noch einen Erdenbruder bekommen, dessen Daten haben wir dazu gestochen. Und deine Sternengeschwister haben einen eigenen Stern auf meinem Arm bekommen.

Es stehen jetzt noch zwei Tätowierungen aus. Ich werde mir Calvins letzte Herzschläge noch stechen lassen, und in zwölf Jahren eine Unterschrift von jedem meiner Kinder im Alter von 14 Jahren. So alt wurdest du, geliebter Calvin.

Was mir das Tattoo bringt? Ich schau es mir jeden Tag an. Jedes Bild erzählt eine Geschichte. Meine Geschichte. Viele Menschen haben mich schon danach gefragt. Und ich erzähle es ihnen. Die ganze Geschichte, so wie ich es Dir, lieber Leser heute erzählt habe. Ich bin stolz auf meine Kinder, dankbar ihre Mutter zu sein. Und ich trage als Bild nach außen, was in meinem Herzen geschrieben steht.

Ich trage das Tattoo seit fast vier Jahren. Und ich trage es stolz. Viele Menschen sprechen mich darauf an und ich erzähle unsere Geschichte. Natürlich verliere ich hier und da Tränen, selbstverständlich schmerzt es mich, und die meisten entschuldigen sich dann bei mir gefragt zu haben. Aber ich bin dankbar. Dankbar, dass ich über meinen Sohn sprechen darf. Und dabei hilft mir mein Tattoo. Es ist immer so schwer den Menschen begreiflich zu machen, dass, auch wenn es wehtut, ich sehr gerne über meinen Sohn spreche. Es ist schwer ihnen begreiflich zu machen, dass ich so oder so immer an meinen Sohn denke. Aber durch mein Tattoo kann ich oft den Namen meines Sohnes laut aussprechen und es hilft mir in meinem stummen Schmerz.

„Amor vincit omnia"[1], Calvin.

Liebe besiegt alles.

Yvonne S.

---

[1] „Omnia vincit amor", lateinisch für „Liebe besiegt alles" Quelle wikipedia.org

Dwayne S.

*24.12.2011 +02.01.2012

Eigentlich ist es wie in einem Märchen, also müsste ich mit „Es war einmal ..." anfangen, aber leider gibt es hier kein gutes Ende. Also erzähle ich von meinem wundervollen Sohn und wie mir meine Erinnerungstattoos helfen weiter zu leben. Also los!

Im Januar 2011 beschlossen mein Mann und ich, dass unsere Familie mit einem Kind noch perfekter wäre. Wir hatten Glück und ich wurde bald schwanger. Unsere Freude war grenzenlos. Mein bzw. unser erstes Kind, es war total aufregend. Meine Schwangerschaft war bilderbuchmäßig, alles war super. Mein Arzt teilte mir mit, dass wir uns auf ein gesundes kleines Mädchen freuen können. Mein Kind sollte am 09.02.2012 auf die Welt kommen und dann, nachdem alles so toll war, wurde es kompliziert. Mitte November 2011 durfte ich nur noch liegen, aber das Kind war gesund und munter. Und ganz unverhofft nahmen plötzlich die schönste Sache und gleichzeitig die Katastrophe seinen Lauf.

Es kam der 23.12.2011, ich war in der 33+1 SSW. Ich hatte eine leichte Blutung und sollte nach Rücksprache mit meiner Hebamme zu einer Kontrolle in das Krankenhaus fahren. Dort teilte man mir nach einer Untersuchung mit, dass sich mein Muttermund geöffnet hatte und ich starke Wehentätigkeit habe. Ich musste gleich da bleiben. In diesem Moment dachte ich nur: „Oh nein, ich wollte nie ein Kind, das Weihnachten Geburtstag hat." Ich sollte diesen Satz noch oft bereuen. Mein Kind ließ sich auch mit Wehenhemmern nicht aufhalten und so kam in der 33+2 SSW am 24.12.2011, dem Heiligen Abend, um 6.29 Uhr mein Kind zur Welt.
Es war eine vollkommene Überraschung. Es war kein Mädchen, sondern ein kleiner Junge. Wir gaben unserem Sohn den Namen Dwayne. Dieser Name stammt aus dem Altirischen und bedeutet „der kleine Dunkle".

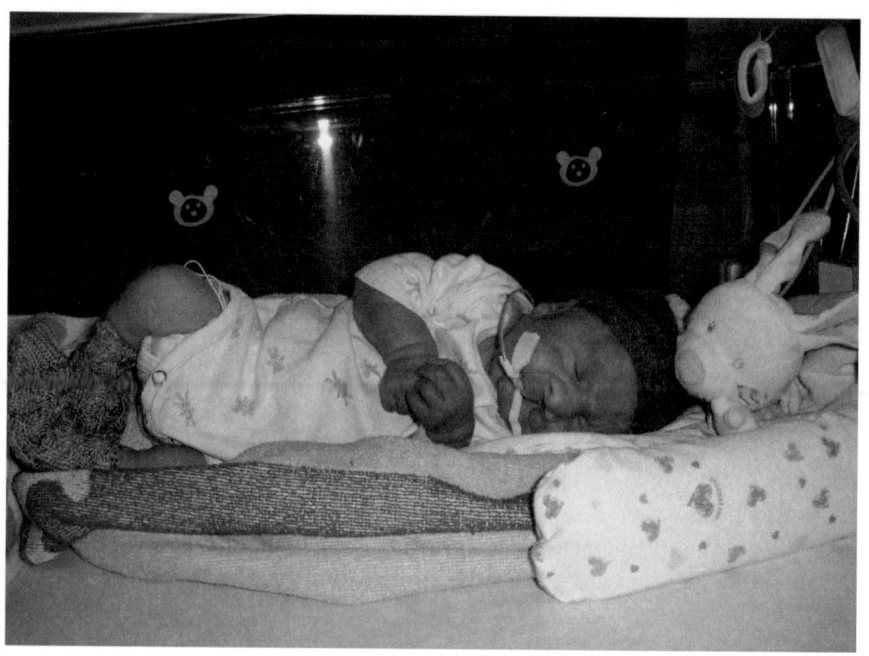

Da mein Sohn zu früh auf die Welt kam und die Lungenreife noch nicht gegeben war, haben die Ärzte meinen Sohn mitgenommen, bevor ich ihn auch nur ansehen konnte. Nach einer gefühlten Ewigkeit kam endlich der Kinderarzt, allerdings ohne meinen Sohn. Ich war so glücklich, doch was zu diesem Zeitpunkt keiner ahnte, die Katastrophe nahm langsam ihren Lauf.

Der Arzt teilte uns mit, dass unser Sohn zwei massive Fehlbildungen aufwies. Seine Füße waren verdreht und er hatte linksseitig eine Lippen-Kiefer-Gaumenspalte, aus diesem Grund musste er auch intubiert werden. Wir sollten uns keine Sorgen machen, da beides mit Operationen leicht zu beheben sei. Am Nachmittag des 24.12.2011 teilte man uns dann weiter mit, dass unser Sohn einen Herzfehler hat, welcher schnellstmöglich operiert werden müsste. Im Laufe der Weihnachtsfeiertage kamen weitere schlechte Nachrichten und man riet uns, eine Genanalyse durchführen zu lassen.

Am 27.12.2011 wurde mein Sohn ins Herzzentrum verlegt. Hier beruhigte man uns und teilte uns mit, dass der Herzfehler leicht zu operieren ist und er später ganz gesund sein wird.

Am 30.12.2011 bekamen wir einen Anruf aus dem Herzzentrum und man teilte uns mit, dass man uns sehr schnell sprechen müsste. Wir fuhren noch am gleichen Tag hin und an diesem Tag begann meine Welt ganz langsam einzustürzen.

Das Ergebnis der Genanalyse war schon da und es lautete wie folgt: „Mein Sohn Dwayne hat den Gendefekt Trisomie 13 … unheilbar. Lebenserwartung im Durchschnitt ca. 5 Monate."

Plötzlich gab es Entscheidungen, die zu treffen waren, schwere Entscheidungen. Wir beschlossen, unseren Sohn in unser heimisches Krankenhaus zurück verlegen zu lassen und ihn auf seinem letzten Weg so gut es geht zu begleiten und auch, dass ihm nicht mehr geholfen werden sollte, falls es zum Schlimmsten kommen sollte. Ich hatte ja keine Ahnung, wie schnell dann alles gehen würde.

Am 02.01.2012 kam der schlimmste Tag meines Lebens. Ich fuhr ins Krankenhaus, um meinen Sohn zu besuchen. Er war ein tapferer und kämpferischer kleiner Kerl und das süßeste Baby, das ich je gesehen habe.
Wir bekamen ein Familienzimmer zur Verfügung gestellt, da er bereits mehrere Atemaussetzer und eine gravierende Sauerstoffmangelversorgung hatte. Wir waren allein. Ich legte meinen Sohn in die Mitte des Bettes. Wir legten uns zu unserem Sohn, mein Mann auf die rechte Seite und ich auf die linke Seite. Wir kuschelten ohne alle Kabel, zum allerersten und gleichzeitig letzten Mal.

Ich denke mein Sohn wollte es genau so, er hat genau für diesen Augenblick gekämpft. Als wir so da lagen, habe ich ihn geküsst und ihm gesagt, dass er genug gekämpft hat und er gehen soll, wenn er möchte, dass es ihm dann besser geht und dass ich ihn liebe.

Und dann war es so weit, am 02.01.2012 um 21.30 Uhr beschloss mein Sohn über die Regenbogenbrücke in seine neue Welt zu gehen und ich blieb vollkommen zerstört zurück.

Die Tage, Wochen und Monate danach verliefen einfach so, ohne groß von mir wahrgenommen zu werden. In meinen Gedanken setzte sich sehr schnell der Wunsch fest, meinen Sohn immer sichtbar bei mir zu tragen.

Als Erstes kaufte ich ein Medaillon, in das ich sein Foto einarbeiten ließ. Dieses Medaillon hatte eine kleine Perle oben drauf, welche nach kurzer Zeit abfiel und auch nicht zu meiner Zufriedenheit repariert werden konnte. Also war das nicht der Weg.

Ich druckte mir Fotos aus und schleppte sie in meinem Kalender durch die Gegend, aber auch das befriedigte meinen Wunsch nicht.

Langsam, aber immer deutlicher, wusste ich plötzlich, dass es eine ganz einfache Möglichkeit gab, meinen Sohn für andere sichtbar bei mir zu tragen - nämlich mit einem Tattoo. Als dieser Entschluss in meinem Kopf Gestalt annahm und an Festigkeit gewann, wollte ich ganz schnell dieses Tattoo. Und dann musste ich noch über ein Jahr auf mein Tattoo warten, da ich wieder schwanger war und mein Großer ein Geschwisterchen bekam.

Dieses Mal war alles gut und mein zweiter Sohn kam im Dezember 2012 auf die Welt, kerngesund.

Ich hatte so viele Ideen in meinem Kopf, aber es sollte das perfekte Tattoo sein. Mit diesem Tattoo wollte ich meinen Sohn zum Leben erwecken. Mein erstes Problem war, wo sollte dieses Tattoo überhaupt hin? Ich habe schon andere Tattoos und der wichtigste Punkt war einfach, dass ich dieses Tattoo immer selbst sehen kann und dass es auf dezente Weise auch von anderen wahrgenommen wird. Schnell stand der Entschluss fest, dass ich mir etwas auf das linke Handgelenk in die Innenseite tätowieren lassen wollte.

Die Stelle war gefunden, jetzt kam der schwierige Teil - das Motiv.
Als Erstes war für mich klar, es musste etwas mit meinem Kind zu tun haben, und da dachte ich, es wäre total toll, wenn ich mir den Handabdruck meines Sohnes auf mein Handgelenk tätowieren lassen würde. Dann könnte ich immer Hand in Hand mit ihm gehen. Und dann kamen die ersten Zweifel. Schließlich hatte ich jetzt noch einen zweiten Sohn. Ich dachte, wie erklärst du ihm später mal, dass ich für seinen Bruder ein Tattoo habe und für ihn nicht? Also gab es einen neuen Plan. Ich musste und wollte beide Kinder, die Geschwister, die nie zusammenspielen würden, in einem Tattoo vereinen. Oh man, das war eine schwere Aufgabe, es sollte jedem meiner Kinder gerecht werden und gleichzeitig auch den Unterschied meiner Kinder zeigen.

Ich hatte ja immer noch den Handabdruck, aber was dann? Was sollte ich vom Zweiten nehmen? Auch die Hand? Wie langweilig! Es würde so gleich aussehen, und die beiden Handabdrücke passten auch nicht aufs Handgelenk. Es war echt verzwickt. Also begann meine Suche von vorn.
Die Stelle wurde gewechselt und ich entschied mich dafür, das Tattoo auf den linken, inneren Unterarm stechen zu lassen. Okay, eine neue Stelle war gefunden und jetzt stand ich schon wieder vor der Wahl des Motivs. Etwas Besonderes, etwas, das beiden Kindern gerecht wird und die Einzigartigkeit meiner beiden Söhne hervorhebt. Ich suchte nach tollen Sprüchen, und als ich die Hoffnung auf einen tollen Spruch schon aufgegeben hatte, sah ich ihn - den perfekten Spruch.

Der Spruch lautet: „Kinder, die viel lachen, kämpfen auf der Seite der Engel" von Rabanus Maurus (*um 780 in Mainz; +04. Februar 856 in Winkel im Rheingau), er war Abt des Klosters Fulda und Mainzer Erzbischof. Ausgerechnet mir passierte so etwas. Der perfekte Spruch stammt von einem Kirchenmann, obwohl ich doch nach dem Verlust meines Sohnes den letzten spärlichen Rest meines Glaubens komplett verloren hatte.

Aber ich wusste, dieser Spruch muss es sein. Mein zweiter Sohn lacht so viel, er ist ständig am Grinsen und mit seinem großen Bruder bei den Engeln hat er seinen ganz eigenen persönlichen Engel an der Seite.
Nur der Spruch war mir aber zu wenig, etwas ganz Persönliches sollte noch dabei sein. Da Dwayne ja nur 10 Tage am Leben war, hatte ich nicht wirklich etwas, das persönlich von ihm war. Und doch, eine Sache gab es. Ich hatte seinen Hand- und Fußabdruck. Es sollte was Besonderes und ganz Individuelles sein, somit stand fest, es wird der Fußabdruck. Warum? Für mich ganz klar, so konnte man ganz leicht meine beiden Kinder unterscheiden. Von meinem ersten Sohn hatte ich den rechten Fußabdruck, so nahm ich von meinem zweiten Sohn den linken Fußabdruck.
Warum der Fuß und nicht die Hand? Ganz einfach, weil Dwayne eine niedliche Besonderheit an seinen Füßen hatte. Aufgrund der Trisomie 13 hatte er auch an den Füßen eine Fehlbildung. Er hatte an seinen Füßen auf beiden Seiten einen sechsten Zeh. Und dieser ist auch auf dem Abdruck sehr gut zu sehen.

Somit stand das Tattoo: ein toller Spruch und der jeweilige Fußabdruck von meinen Söhnen. Die Füße wurden wie Engelsflügel links und rechts an den Spruch gesetzt. Und um das Tattoo komplett zu machen, hat mein Mann mir noch ein kleines Herz gemalt - mit einem Gesicht und herausgestreckter Zunge, so wie kleine Jungs es halt manchmal machen. Und so hatte ich das perfekte Tattoo.

Als ich endlich dieses Tattoo hatte, war ich überglücklich. Es war als wäre ein kleiner Teil meines ersten Sohnes zum Leben erweckt worden.

Es verging etwas Zeit und ich spürte eine innere Unruhe. Dieses Tattoo reichte mir nicht, es machte mich nicht vollständig. Ich sah Bilder von Kindern, die schon tot auf die Welt gekommen sind und auch da gab es Fußabdrücke. Aufgrund der Fehlbildung der Füße hätte dieser Fuß niemals den Boden berührt, selbst wenn er noch ein bisschen länger gelebt hätte. Er hat keine Spuren hinterlassen. Es tat sich ein Boden unter mir auf. Das perfekte Tattoo zeigte, dass es nichts Lebendiges gab, was mir von meinem Sohn geblieben war.

Mitte 2014 traute ich mich endlich und forderte den abschließenden Arztbericht aus dem Krankenhaus für meinen Sohn an. Ich wollte wissen, was darin stand, und wollte unbedingt wissen, ob er tatsächlich keine Schmerzen hatte. So kam es, dass ich in einen Austausch mit der damaligen Ärztin geriet. Ich kann nicht mal sagen, wie oder wann sich dieser neue Gedanke in meinem Kopf einnistete, aber er war plötzlich da. Ich wusste, es gab doch etwas, das zeigte, dass Leben in meinem Sohn gewesen ist.

Ich forderte aus dem Krankenhaus die CTG-Unterlagen für meine beiden Söhne an. Ja genau, die Unterlagen, die die Herztöne meiner Kinder aufgezeichnet hatten. Ich hatte plötzlich etwas in der Hand, was bewies, dass das Herz meines Kindes geschlagen hat.

Die Stelle für das neue Tattoo war sofort klar, es wurde der rechte, innere Unterarm. Natürlich mussten wieder beide Kinder darin vorkommen.

Dieses Tattoo ist so einfach und schlicht und doch zeigt es das Leben, was in meinem Kind gesteckt hat. Ich habe mir die Herzschlaglinie von ca. zwei Stunden vor der Geburt in einer Länge von ungefähr fünf Minuten tätowieren lassen, und auf die Linien habe ich dann die entsprechenden Sternzeichen machen lassen.

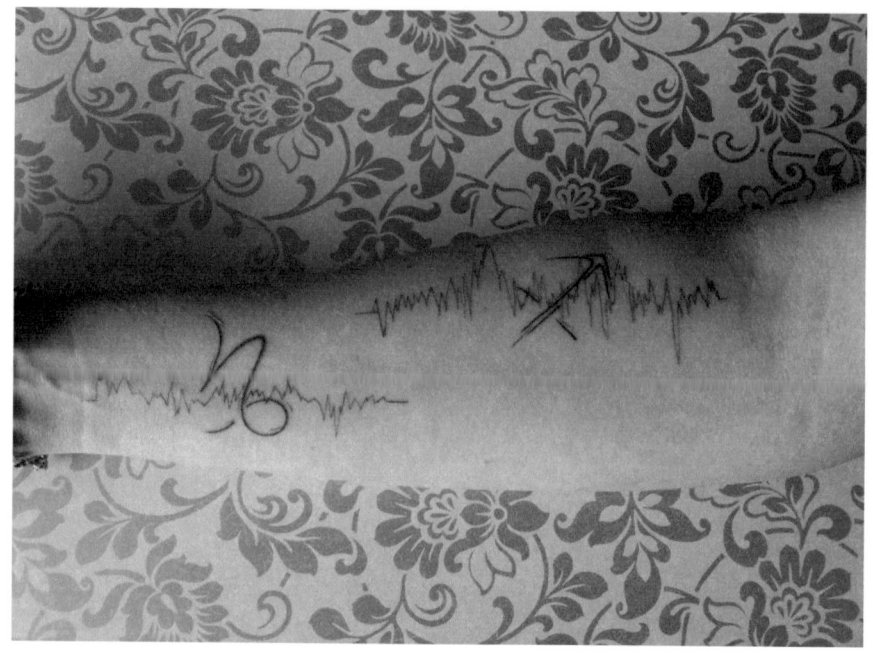

Der Unterschied der Linien ist deutlich sichtbar und genau das macht es für mich noch deutlicher, was für ein starker Kämpfer mein erster Sohn war.

Wenn ich heute durch die Stadt gehe, habe ich durch diese Tattoos immer meine Kinder bei mir. Und mein Dwayne ist für alle sichtbar, ob sie es sehen wollen oder nicht. Wer einmal hinschaut, hat schon etwas von ihm gesehen. Wenn eine Frage zum Tattoo kommt, kann ich sofort loslegen und von meinem Dwayne erzählen. Er ist dadurch kein „Niemand" mehr, nein, er ist ganz präsent. Er wird nicht verschwiegen, er ist sichtbar.

Ich weiß, diese Zeichen machen meinen Sohn nicht wirklich lebendig, aber sie machen ihn sichtbar, und das ist schon sehr viel wert. Aber eine Sache ist für mich dabei ungemein wichtig und die verstehe auch nur ich, keiner ahnt etwas davon und keiner kann es nachvollziehen. Wenn ich diese Tattoos ansehe und darin meinen Ältesten sehe, bekomme ich ein lachendes und weinendes Auge, aber noch wichtiger, im Inneren überkommt mich eine Ruhe. Nein, meinen Frieden konnte ich noch nicht machen mit der Tatsache, dass er gestorben ist. Aber an dieser Ruhe ist etwas Besonderes.

Als ich damals in diesen 10 Tagen meinen Sohn Dwayne in den Armen hielt, fühlte ich Folgendes: „Ruhe, einen inneren totalen Seelenfrieden, in diesen Momenten wusste ich, dass ich angekommen bin." Dieses Gefühl hatte ich seit seinem Tod nie wieder. Und ein kleines bisschen dieser Ruhe fühle ich, wenn ich auf meine Tattoos sehe.

Jedes Märchen endet einmal. Meines hat sich in einen Albtraum verwandelt und doch kann ich in meinem neuen Märchen, welches mir mein zweiter Sohn und mein Mann, dem ich danke, dass er nach allem, was passiert ist, noch an meiner Seite steht, schenken, MIT meinem ersten Sohn leben und so warte ich, dass dieses Märchen endet und ich am Schluss über die Regenbogenbrücke gehen und meinen Sohn in die Arme schließen kann.

Stefanie S.

Fabio L.

*09.09.2010 +18.04.2012

Ich trage Dich im Herzen und auf meiner Haut

Ich habe die große Ehre an diesem Buchprojekt des Vereins „Whisper von Soul" beteiligt zu sein. Wir sind verwaiste Eltern und haben auf besondere Art etwas zu erzählen. Mit Bildern - mit Tattoos. Unsere Tattoos erzählen eine Geschichte, sie erzählen von unseren verstorbenen Kindern.

Ich habe noch nie darüber geschrieben und ich bin keine Schriftstellerin oder große Rednerin, aber was ich zu erzählen habe, ist meine Geschichte. Diese Geschichte geht „unter die Haut", sie hat Tiefe und ich erzähle sie voller Stolz - denn ich erzähle von meinem über alles geliebten Sohn. Ich trage ihn nicht nur für immer im Herzen, sondern auch auf ganz besondere Art. Nicht mit den Armen, sondern auf meiner Haut. Mein Sohn heißt Fabio und lebt nicht mehr ...

Meine Geschichte beginnt am 09.09.2010. An diesem Tag wurde Fabio geboren, als Frühgeburt - acht Wochen zu früh. Fabios Leben startete also spektakulär. Der kleine Schelm hat mit seiner frühen Geburt mal eben unsere Hochzeitspläne zerschlagen, denn eigentlich sollte einen Tag später unsere standesamtliche Trauung stattfinden. Seine ersten Lebenswochen verbrachten wir getrennt voneinander, denn wie alle Frühchen, musste auch Fabio im Inkubator liegen. Er war halt einfach noch zu klein und zu leicht. Er war auf die Hilfe der Ärzte und der Maschinen angewiesen. Da er nicht komplett selbstständig atmete, bekam er die ersten Lebenstage eine Atemunterstützung. Es sah nicht schön aus und das ständige Piepen der Monitore, die seine Vitalzeichen überwachten, ließen Fabio noch kleiner und zerbrechlicher aussehen. Erstaunlicherweise konnten wir die Situation schnell annehmen und wir vertrauten darauf, dass alles gut werden würde. Ich habe zu dieser Zeit nie Angst um Fabio gehabt. Fabio wurde mit einer Fehlstellung am rechten Fuß geboren, einem sogenannten Hackenfuß. Die Behandlung des Fußes begann bereits im Krankenhaus durch einen Orthopäden und Physiotherapeuten. Regelmäßig bekam Fabio Massagen und einen Verband angelegt, der seinen Fuß in die richtige Richtung drehen sollte. Das alles machte den kleinen Kerl echt fertig und die Erschöpfung merkte man ihm sehr an. Er schlief ständig beim Essen ein. So funktionierte das Stillen auch nicht gut und er wurde hauptsächlich über die Magensonde ernährt. Zum Glück wurde es aber bald besser.

Über mehrere Wochen durften wir nur wenig Zeit mit Kuscheln verbringen. Immer mussten wir auf die Erlaubnis der Krankenschwestern warten bzw. mussten wir warten, bis eine der Schwestern Zeit hatte, um Fabio mit seinen ganzen Kabeln vom Monitor abzuklemmen und uns auf die Brust zu legen. Fabio entwickelte sich schließlich sehr sehr gut, er nahm gut zu und auch die Atemunterstützung war nach einigen Tagen nicht mehr nötig. Wenn er in seinem Inkubator lag, hatte er fast immer die Beinchen seitlich angezogen und so sah er meistens wie ein kleiner Frosch aus. So kam es, dass Fabio von den Krankenschwestern „kleiner Frosch" genannt wurde. Passenderweise war sein Kinderzimmer zu Hause vorher schon grün tapeziert und ein großer grüner Teppich liegt auch dort. Freunde und Familie schenkten immer wieder Frösche in allen möglichen Variationen und auch das eine oder andere Kleidungsstück zierte ein Frosch ...

Als Fabio knapp vier Wochen alt war, durften wir endlich das Krankenhaus verlassen und gemeinsam als kleine Familie nach Hause. Wir waren im siebten Himmel und die glücklichsten Menschen auf dieser Erde!!! Endlich konnten wir richtig zusammen sein - wie andere Familien auch! Wir mussten keinen mehr fragen, wenn wir unser Kind auf dem Arm halten wollten, und konnten und mussten uns von jetzt an ganz alleine um unser Kind kümmern.

Unsere Trauung holten wir schließlich mit Fabio zusammen nach. Die Fotos sehen mit ihm auf dem Arm auch sehr viel schöner aus! Es wurde eine schöne kleine Feier - alles war perfekt!

Fabio war ein richtiger Sonnenschein. Er lachte von Anfang an viel und er besaß eine innere Ruhe, die sich kaum in Worte fassen lässt. Er war ein recht ruhiges Kind und beobachtete immer viel. Oft hatte ich den Eindruck, dass er sich erst etwas ganz genau ansah und dann machte er es nach. Zum Beispiel beobachtete er mich ganz genau, wenn ich aus einem Glas trank. Dann setzte er seine Trinkflasche oder seinen Becher an und machte es mir einfach nach. Er lernte also ziemlich schnell. Er weinte auch nicht viel, schlief bald durch und war immer genügsam. Das Einzige, was wir in vollen Zügen auskosteten, war immer wieder viel körperliche Nähe. Wir holten das, was wir in den ersten Wochen verpasst haben, sehr intensiv nach.
Fabio wurde von uns sehr viel im Tragetuch getragen und abends vor dem Schlafen wurde immer intensiv gekuschelt. Meistens war es so, dass Fabio auf meinem Arm einschlief und ich ihn dann ins Bett legte. Das haben wir dann auch immer so beibehalten. Nach gut sechs Monaten sah und merkte man Fabio seinen frühen Start ins Leben kaum mehr an. Er war zwar immer noch klein, aber da wir als seine Eltern auch nicht groß sind, war immer alles völlig im Rahmen. Auch die Fehlstellung an seinem Fuß war fast völlig verschwunden und der Rest würde sich normal entwickeln. So kam es, dass Fabio mit 14 Monaten alleine laufen konnte und kurz darauf kam dann auch endlich der erste Zahn! Alles war gut. Fabio bekam einen Platz im nahegelegenen Wunschkindergarten und unser nächster Sommerurlaub war bereits gebucht. Wie im Jahr zuvor, sollte es ein Familienurlaub in Italien werden. Nach dem Urlaub sollte Fabio dann in den Kindergarten gehen. Dieser Gedanke bereitete mir als Mutter immer große Sorgen - ich wollte Fabio noch nicht „gehen" lassen. Er erschien mir noch zu klein und, naja, mein Mamaherz und -kopf empfanden diese Trennung als falsch und zu früh. Ich habe mich immer gefragt, wie andere Mütter es hinbekommen, denn ich hatte schon allein bei dem Gedanken daran Tränen in den Augen.

Wie lang unsere körperliche Trennung wirklich noch dauern wird, konnte ich da noch nicht ahnen, denn am 18.04.2012 zerbrach unsere kleine schöne

Welt ... An diesem Tag starb Fabio ganz plötzlich und unerwartet. Fabio schlief mit 19 Monaten und neun Tagen während des Mittagsschlafs für immer ein. Ich sage immer, dass er mit den Schmetterlingen nach Hause geflogen ist, denn über seinem Bett kleben ganz viele bunte Schmetterlinge, die aussehen, als würden sie in den Himmel fliegen. Fabio ist am plötzlichen Kindstod gestorben.

Da Fabio und ich uns immer sehr nahestanden und er mir so unendlich fehlte und immer noch fehlt, war für mich ganz schnell klar, dass ich ein Zeichen unserer Verbundenheit haben möchte. Etwas was für immer bei mir ist, etwas was bleibt ... Etwas, was mir keiner wegnehmen kann! Ein Tattoo - ein besonderes Denkmal für mein Kind. Ein Zeichen, dass wir auf ewig miteinander verbunden sind.

Auf Grund von Fabios Lebensgeschichte, fiel die Entscheidung natürlich auf einen Frosch. Der Frosch steht an sich ja für die Verwandlung von der Kaulquappe zum Frosch. Und so hat sich auch Fabio zu einem Frosch (König) gewandelt. Dies, verbunden mit den Schmetterlingen, die über seinem Bett zu finden sind, führte zu der Entscheidung, dass es dann also ein Frosch mit Schmetterlingsflügeln werden sollte. Ein schönes Sinnbild, was für die Verwandlung spricht. Unser Frosch, dem Schmetterlingsflügel gewachsen sind, damit er nach Hause fliegen kann ... Diese Idee begeisterte mich sofort. Natürlich sollte dieser Frosch perfekt aussehen, aber keiner der gezeichneten Entwürfe gefiel mir bzw. die Zeichnungen passten einfach nicht zu Fabios „Wesen" und so entschied ich mich dafür, dass das Gedenktattoo kein Frosch sein wird. Fabios Name sollte auf meinem Körper geschrieben sein! Nicht nur in meinem Herzen. Ich sage den Namen meines Kindes jedem voller Stolz - dann darf man ihn auch gerne lesen. Lange bevor überhaupt feststand, was für ein Motiv es werden soll, stand fest, dass das Tattoo auf meinem Fußrücken gestochen werden soll.

Warum auf dem Fuß? Das hat gleich mehrere Gründe. Zunächst wollte ich eine Körperstelle auswählen, die man nicht immer frei sehen kann. Ich entscheide selber, ob, wann und wem ich mein Tattoo zeige. Fabio hatte diese Fehlstellung am Fuß und auch deswegen sollte es der Fuß werden. Der wichtigste Grund aber ist der, dass ich auch ohne mein Kind an der Hand jeden Schritt in meinem Leben auch für Fabio gehe. Ich gehe Fabio entgegen. Jeden Schritt, den ich mache, laufe ich mit Fabio - ihm entgegen. Das ist die Geschichte, die hinter meinem ersten Tattoo steht :-) Ich bereue es an keinem Tag, dass ich mich dafür entschieden habe. So wie ich Fabio für immer in meinem Herzen trage, so trage ich ihn auch auf meiner Haut.

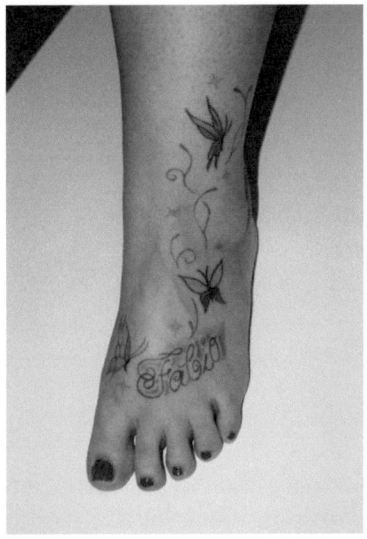

Mein zweites Tattoo ließ ich mir ein gutes Jahr später stechen. Es ist ein Schriftzug mit den Worten „Glaube, Hoffnung, Liebe" Ein Auszug aus dem Hohelied der Liebe, 1. Korintherbrief, Vers 13 („Nun aber bleibt Glaube, Hoffnung, Liebe, diese drei; aber die Liebe ist die größte unter ihnen.")

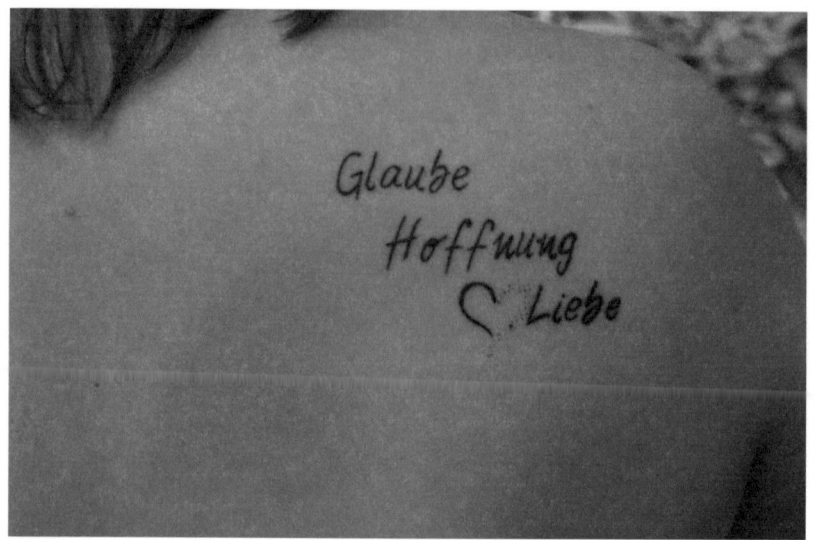

Seit Fabios Heimgang begleiten und begegnen mir diese Worte und deren Bedeutung täglich! Glaube legt jeder Mensch für sich anders aus und ich für meinen Teil kann davon sprechen, dass mich der Glaube gerettet hat - der Glaube daran, dass ich mein Kind wiedersehen werde, der Glaube daran, dass nach unserem Sterben noch etwas da ist. Fabio zeigt es mir immer wieder auf die unterschiedlichsten Arten. Nicht jeder Mensch ist empfänglich für solche Zeichen, aber ich „glaube" daran und sehe Fabios Zeichen mehr als deutlich. Er zeigt mir, dass er immer noch bei uns ist. Hoffnung - weil ich mit der Hoffnung immer wieder zurück ins Leben finde. Es gibt immer etwas für das es sich lohnt wieder aufzustehen. Über das Wort „Hoffnung" ist auf der Seite Wikipedia folgendes geschrieben.

„Hoffnung (vgl. mittelniederdt.: hopen „hüpfen", „[vor Erwartung unruhig] springen", „zappeln") ist eine zuversichtliche innerliche Ausrichtung, gepaart mit einer positiven Erwartungshaltung, dass etwas Wünschenswertes in der Zukunft eintritt, ohne dass wirkliche Gewissheit darüber besteht. Das kann ein bestimmtes Ereignis sein, aber auch ein grundlegender Zustand wie etwa anhaltende Gesundheit oder finanzielle Absicherung. Hoffnung ist die umfassende emotionale und unter Umständen handlungsleitende Ausrichtung des Menschen auf die Zukunft. Hoffend verhält sich der Mensch positiv zur Zeitlichkeit seiner Existenz."
Quelle: http://de.wikipedia.org/wiki/Hoffnung

Dem gibt es von meiner Seite aus nichts mehr hinzuzufügen!

Und dann natürlich das Wort „Liebe". Die Liebe hat mir gezeigt, dass man mit ihr jede Hürde überwinden kann, dass sie stärker als der Tod ist, die Liebe leitet mich, sie verlässt uns nicht. Die Liebe hört nicht auf und sie ist bedingungslos. Deshalb kann ich auch annehmen, dass mein Kind nicht mehr körperlich bei mir ist. Ich kann Fabio nicht sehen, aber ich kann ihn immer fühlen. Es ist wie mit der Musik. Musik kann man hören, aber nicht sehen und so verhält sich auch die Liebe - sie ist da, ich sehe sie nicht, aber ich fühle sie und ich höre sie, wenn ich in mich hinein höre.

Liebe ist alles ...
Fabio - für immer ... My forever Love.

Simone L.

Hendrik L.
*21.04.1993 +04.09.2011

Hendrik wurde am 21. April 1993, eine Minute nach seinem Zwillingsbruder, per Kaiserschnitt zur Welt gebracht. Er war bereits früh ein wilder, kleiner Sonnenschein, was er auch im Verlauf seines viel zu kurzen Lebens beibehielt. Hendrik war meist gut gelaunt, hatte einen liebenswerten Charme und immer ein offenes Ohr für seine Freunde. Unser Sohn kostete sein Leben in vollen Zügen aus. Am Wochenende zu Hause sitzen, - das war so gar nichts für ihn. War irgendwo eine Party angesagt: Hendrik war dabei.

So auch am 4. September 2011. Hendrik verabschiedete sich in dieser Nacht von seinen Freunden. Durch eine Verkettung äußerst tragischer Umstände lief unser Sohn später über fünf Kilometer nach Hause. Der Heimweg führte ihn unter anderem über ein Feld Richtung Bahngleise. Unseren eigenen Recherchen zufolge muss Hendrik dabei eine Böschung heruntergestürzt sein. Wir fanden später dort seine Mütze. Dabei zog er sich offenbar einen offenen Knöchelbruch zu. Wir nehmen an, dass er deshalb nicht weiter gehen konnte. Auf Grund der Umgebung sah er wohl keine andere Möglichkeit, als sich auf den Schienenstrang zu setzen. Wahrscheinlich war er sich der Gefahr gar nicht bewusst. Er zog beide Schuhe und Socken aus. Sicher wollte er nach seiner Verletzung schauen und seine Füße vergleichen. Wir können den genauen Hergang nur mutmaßen. Es gab keine Obduktion. Nachdem unser Junge den offenen Bruch gesehen hat, in Verbindung mit seinem Schmerz und Blutverlust, ist er offenbar in eine Art Schock und/oder Agonie verfallen. Hinzu kam sicher seine körperliche Verfassung: wenig Schlaf, zu viel Alkohol und der lange Fußmarsch. Hendrik wurde, auf einem Schienenstrang sitzend, von einem heranfahrenden Regionalzug tödlich erfasst. Der Zugführer sagte später aus, dass sich unser Sohn gar nicht bewegt habe. Wir sind der Meinung, wäre Hendrik bei Bewusstsein gewesen, hätte es bei ihm eine Schrecksekunde oder wenigstens eine kurze körperliche Bewegung geben müssen. Für uns war es immens wichtig zu erahnen, dass Hendrik offensichtlich nicht wahrgenommen hat, was passiert.

Die Tage und Wochen danach erlebten wir als eine Tortur aus Recherchen und eigenen „Ermittlungen". Der Grund hierfür lag darin, dass Hendriks Tod aus polizeilicher Sicht als Suizid „abgetan" werden sollte. Deshalb war seitens der Behörden auch keine Obduktion erfolgt. Nur unserer Familie, vor allem meiner Schwester, und nicht zuletzt unserer eigenen Kraft haben wir es zu verdanken, dass Hendriks Akte mit dem Vermerk Unfall geschlossen wurde. Für uns war von Anfang an klar, dass unser Sohn niemals sein Leben selbst beendet hätte. So bestand das Letzte, was wir für ihn noch tun konnten, darin, für die Wahrheit zu kämpfen, indem wir klar diesen behaupteten Suizid entkräfteten. Beinahe ein Jahr hat uns dieser Kampf gekostet. Gleichzeitig setzten wir uns mit der schmerzlichen Tatsache auseinander, dass unser Sohn nicht zurückkommt.

„Die Zeit vergeht, aber die Liebe bleibt"[2]

In dieser Zeit keimte der Wunsch in mir auf, Hendrik auf meiner Haut zu verewigen. Tattoos haben mir schon immer gefallen, nur konnte ich mich bis dahin mit keiner Tätowierung so richtig identifizieren. Nun aber hatte ich MEIN Motiv, gern hätte ich darauf verzichtet. Mit dem Tattoo will ich erzählen, was Hendrik ausmacht und mich mit ihm verbindet. Und das war es: Musik. Unsere Familie - Hendriks Zwillingsbruder, sein kleiner Bruder,

---

[2] „Die Zeit vergeht, aber die Liebe bleibt" nach „Tempus fugit - amor manet" (deutsch: „Es vergeht die Zeit - die Liebe bleibt") Quelle: wikipedia.org

mein Mann und ich - wir lieben Musik! Ohne sie wäre es sehr still bei uns. Hendrik war Schlagzeuger in einer Band in unserem Ort. Und so kombinierte ich den Schmerz meines Verlustes mit unserer Liebe zur Musik. Mein Tattoo verkörpert ein tränendes Herz, das umrahmt wird von einem Notenschlüssel und den Sticks von Hendriks Schlagzeug. Seinen Namen wollte ich auch bei mir tragen. Ich habe das Tattoo auf meinem linken Schulterblatt und bereue seither keine Sekunde, dass ich mich dafür entschieden habe.

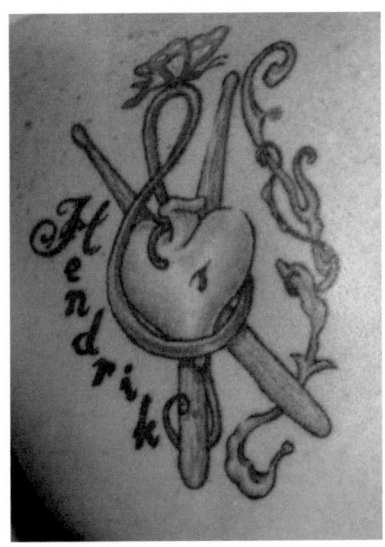

Sein Papa trägt ein Tattoo mit Hendriks Namen auf der Brust. Sein Zwillingsbruder hat sich zwei Tattoos stechen lassen. Meine Nichte trägt ihr Erinnerungstattoo auf ihrem Handgelenk und auch meine Schwester hält inzwischen Hendriks Namen auf ihrem Unterarm für immer fest.

Wir alle haben uns bewusst für ein Tattoo entschieden, das jeden von uns auf eine sehr persönliche Weise mit Hendrik verbindet.

Meines lasse ich demnächst durch einen Schriftzug vervollständigen. Dieser lautet: „Die Zeit vergeht, aber die Liebe bleibt". Dies bedeutet für mich, dass ich gelernt habe, mit meinem Verlust zu leben.

Hendrik ist körperlich nicht mehr bei uns, aber die Liebe zu ihm währt ewig.

Ramona L.

Janine D.
*07.02.1990 +28.08.2007

Wie fängt man an über seine Tattoos zu schreiben ... tja ... am besten einfach los legen und mal sehen, was daraus wird.

Vor über 20 Jahren bekam ich mein erstes Tattoo und damit auch direkt das „Unverständnis" meiner Familie! Aber es war mir egal. Ich liebe rote Rosen und es war für mich immer klar, rote Rosen bekommt nur der Mensch von mir, den ich wirklich von Herzen liebe. Und dieses für mich wichtige Zeichen der „Liebe" wollte ich einfach auf meinem Körper tragen. Kurze Zeit später fand dann auch noch eine zweite Rose ihren Platz auf meinem Körper. Damit sollte dann Schluss sein mit Tattoos auf meiner Haut!

Sollte!!!!!

Aber es kam alles ganz anders!!!!

Irgendwann im Jahre 2007 saß ich mit meiner Nichte auf dem Balkon und wir sahen durch die Balkontüre einen Bericht über Löwen. Irgendwie kamen wir über die Löwen zu meinen Vater (er war Löwe vom Sternzeichen und ist im Jahre 2000 verstorben) und auf das, was er uns immer über meine Oma erzählt hatte.

Sie sagte immer, wenn ich mal nicht mehr lebe, dann werde ich euch als Schmetterling besuchen und schauen, wie es euch so geht.

An diesem Abend kam uns der Gedanke, dass wir uns beide einen Schmetterling stechen lassen würden.

Dieser Gedanke war aber zu diesem Zeitpunkt auch nur ein Gedanke und es wäre vielleicht auch für immer einer geblieben, wenn es nicht diesen Tag X in meinem Leben gegeben hätte!

Der 28.08.2007!!

Der Tag, der mein Leben für immer verändert hat, der mein Leben nie wieder zu dem werden lässt, was es mal war. Janine!! Meine einzige Tochter ging in der Nacht vom 27.08.2007 zum 28.08.2007 zu den Sternen!! Sie war gerade mal 17 Jahre!!

Einige Zeit später, als ich wieder ein wenig klar denken konnte, redete ich mit meiner Nichte und es war für uns beide klar!!

Der Gedanke ... die Idee, die wir einige Monate vorher hatten, sollte nun so schnell wie möglich in die Tat umgesetzt werden.

Der Schmetterling, der für meine Oma schon immer als Zeichen für das Leben nach dem Tod stand. Erst Monate später habe ich dann erfahren, dass der Schmetterling im christlichen Glauben für das Leben nach dem Tod steht!

Metamorphose!

Die Raupe stirbt und der Schmetterling erwacht in ein neues Leben!

Also habe ich mir einen wunderschönen Schmetterling direkt auf den linken Rippenbogen stechen lassen, ganz nah an meinem Herzen!

Für mich war es das erste Zeichen, das erste Symbol das Janine und mich für immer auf eine ganz besondere Art verbindet. Mir war an dem Tag, an dem ich den Schmetterling gestochen bekam, schon klar, dass es nicht das letzte Tattoo mit diesen Gedanken sein würde.

Schon ein paar Monate später hatte ich den nächsten Termin und es wurde diesmal der rechte Rippenbogen auserkoren.

Ich hatte mit meinem „Tätowierer" darüber gesprochen, was mit Janine passiert ist und dieses Tattoo wurde eins, was er sich für Janine und mich ausgedacht hatte ... Etwas, das auf eine ganz besondere Art die Geschichte von Janine erzählt.

Natürlich haben wir, bevor er anfing das Tattoo zu stechen, über seine Idee geredet ... und als er mir seine Erklärung gab und mir zeigte, was es werden sollte, war alles geklärt.

Die japanische Kirschblüte. Sie steht im asiatischen Glauben für „Tod in Schönheit/Tod in Jugend". Das war für mich mehr als genug Grund dieses Tattoo zu bekommen!

Es sagt genau das aus, was passiert ist!!

17 Jahre, was soll ich da noch mehr sagen, geschweige denn schreiben???

Aber damit war für mich noch nicht Ende ... Ich wollte einfach noch mehr Zeichen auf meiner Haut tragen, die meine Liebe zu Janine auf eine besondere Art ausdrücken und auch irgendwie widerspiegeln, was ich lebe!

Mein Ziel/mein Gedanke dabei war und ist, dass Janine und meine Geschichte (mein Leben ohne mein Kind) für immer auf eine ganz eigene Art auf meiner Haut zu sehen sind.

Ein knappes halbes Jahr später hatte ich den nächsten Termin und mein neues Tattoo wurde in zwei Sitzungen über zweidrittel meines Rückens gestochen.

Ein Grabengel, der eine Feder in der Hand hält und mit gesenktem Blick nach vorne schreitet!

Die Feder und die Art ... die Haltung dieses Engels.. es war für mich als würde er meine Last tragen ... alles was mich regelrecht erdrückt ... seine traurige Ausstrahlung ...

... aber seht es Euch selber mal an!

Nach dem ich den Engel auf meinem Rücken hatte habe ich sozusagen „1 Jahr Pause" gemacht!

In diesem einen Jahr habe ich viel überlegt was noch zu „unserem Leben" dazu gehört/gehörte. Was oder wer hat zusammen mit mir Janine erleben dürfen? Und somit kam ich auf nur drei Lebewesen, die für mich sehr wichtig waren und auch sind. Drei Lebewesen die mit Janine zusammengelebt haben ... Zwei dieser wundervollen Lebewesen sind noch heute Tag und Nacht an meiner Seite!!!

Bandit, Timmy und Nela!! Die drei besten Fellnasen dieser Erde für mich!!!

Bandit, am 25.06.2007 ging er über die Regenbogenbrücke. Er und Janine sind sozusagen zusammen aufgewachsen. Es ist mir so unendlich schwergefallen ihr zu sagen, was passiert ist und wir haben zusammen geheult ohne Ende!! Der Verlust von Bandit war für mich zu diesem Zeitpunkt das Schlimmste, was mir je passieren konnte!!!!

... Zwei Monate und drei Tage später wurde ich vom Leben davon überzeugt, dass es etwas gibt, was viel schlimmer ist ... Etwas, das sich niemand auf dieser Welt wünscht und vielleicht auch gerade deshalb irgendwie verdrängt.

Der Gedanke, dass ich je mein Kind verlieren könnte ... NEIN ... Diesen Gedanken hatte ich nie!!! Dass sie sich mal verletzten könnte oder krank wird ja, aber dass sie von einer Sekunde auf die andere ... Dass sie vor mir zu den Sternen gehen könnte ... Dieser Gedanke war nie da!!!

Für mich war ein solcher Gedanke absolut irrelevant / absolut nur unvorstellbar!!

Bis zu dieser einen Nacht vom 27.08.2007 auf den 28.08.2007 ...

Seit dieser Nacht sind meine beiden Fellnasen noch wichtiger für mein Leben als sie es eh schon immer waren. Wo es nur geht sind sie an meiner Seite.

Sie ertragen mich jeden Tag ... mit guter oder schlechter Laune, lachend und weinend!! Sie nehmen mich so wie ich bin auch mit meiner Trauer ... was vielen Menschen schwerfällt!!!!

Also war für mich nach vielen Überlegungen klar, dass diese drei wunderbaren Fellnasen auch zu unserer Geschichte gehören!

Zu Janine und meinem Leben!!!!

Ich ließ mir drei Hundepfoten in drei verschiedenen Größen auf meinen Bauch (Nähe rechter Beckenknochen) stechen.

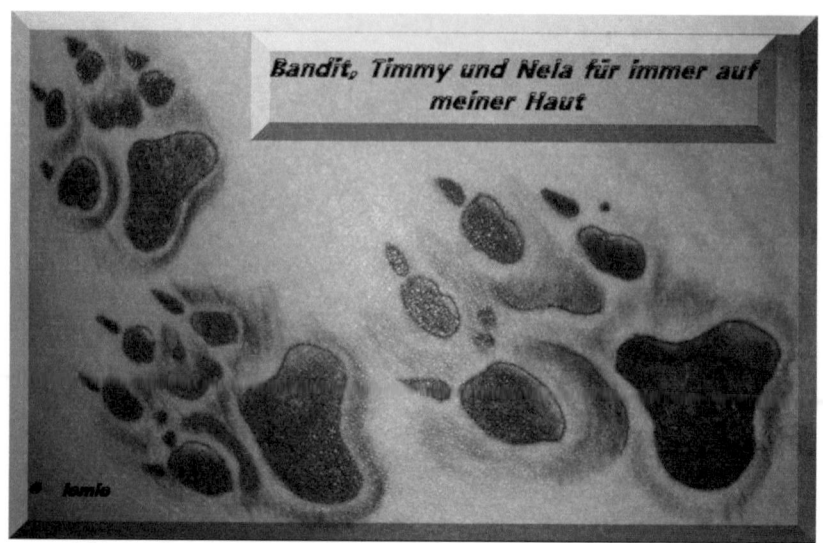

Bandit, Timmy und Nela für immer auf meiner Haut

Eine ganz kleine Pfote für Bandit (er hatte ca. 40 cm Schulterhöhe). Eine mittelgroße Pfote für Timmy (er hat ca. 55 cm Schulterhöhe) und eine ganz große Pfote für Nela (sie hat gute 80 cm Schulterhöhe).

Auf diese Weise habe ich nun auch diese drei Fellnasen für immer bei mir!!!!

Aber es gab noch mehr!! Es gab ein Versprechen, das ich Janine gegeben hatte und auch noch erfüllen wollte!

Seit vielen Jahren schreibe ich an einer eigenen Homepage und Janine liebte es, wie ich schrieb/schreibe! Sie sagte irgendwann mal zu mir: „Mama ... du musst unbedingt mal ein Buch schreiben!", und ich versprach ihr, dies auch irgendwann mal zu machen.

Dieses Versprechen habe ich dann im Jahr 2012 eingelöst und es wurde ein Buch zum Gedenken an meine Tochter Janine veröffentlicht.

Mit dem Thema Tattoos hatte ich da und habe ich auch bis heute noch nicht abgeschlossen und so fand das vorerst letzte Tattoo in diesem Jahr seinen Weg auf meine Haut.

Meine Vorstellung war, dass ich den Namen von Janine in einer ganz besonderen Schreibweise auf meine Haut bekomme ... So, dass nur ich weiß, was es bedeutet und auch ein Symbol für das Buch sollte dabei sein.

Ich hatte etwas gefunden was mir in Bezug auf die Schriftzeichen gefiel aber um sicher zu sein, dass die Schriftzeichen auch wirklich richtig sind, habe ich sehr viele Mails versendet, unter anderem auch eine an die Botschaft in Düsseldorf.

Ohne je damit zu rechnen von der Botschaft eine Antwort zu bekommen ... Aber ich bekam eine Antwort!

Sehr geehrte Frau D. Es ist ein sehr außergewöhnlicher Grund, warum sie uns angeschrieben haben und eine solche Bitte ist auch bisher noch nie bei uns gelandet. Da wir Sie aber verstehen und Ihnen helfen möchten, zum Gedenken an Ihre Tochter die richtigen Schriftzeichen zu finden, übersenden wir Ihnen in der Anlage eine Adresse, wo man Ihnen bestimmt weiter helfen kann!

Also noch eine Mail und ja, ich bekam eine Antwort und eine richtige Übersetzung!!!!

Mit dieser Übersetzung und meinen weiteren Vorstellungen bin ich dann zu meinem „Tätowierer" gefahren und er hat einen Entwurf aus all dem gemacht, was wir noch zusammengesucht hatten.

Eine Feder
Ein Schmetterling
Eine Schriftrolle und der Schriftzug!!

Die Feder, (eine Schreibfeder) als Symbol für das Schreiben meiner Briefe an Janine.
Die Schriftrolle, als Symbol für das Buch, das ich zum Gedenken an Janine geschrieben habe.
Der Schmetterling, der eh zu meinem Leben gehört wie die Luft zum Atmen und der Schriftzug ... der „Janine" bedeutet ... Aber nur für mich wirklich erkennbar ist!

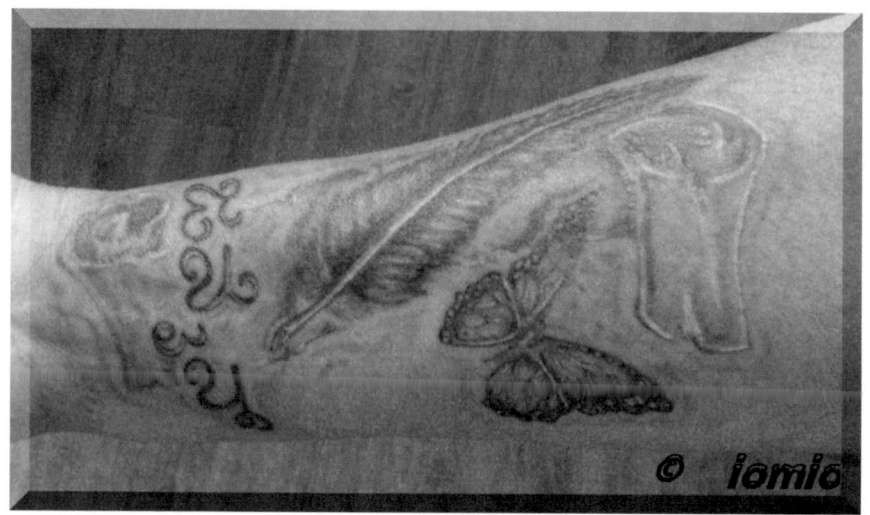

Dieses Tattoo ist das vorerst Letzte!!

Wie gesagt ... das vorerst Letzte!! Ich habe schon neue Ideen und diese werde ich über kurz oder lang auch umsetzen!!!

Meine Tattoos sind für mich eine Geschichte!! Sie sind „unsere Geschichte". Auf eine ganz besondere Weise!!

Jedes Tattoo für sich hat eine Bedeutung und irgendwie ergänzen sie sich untereinander zu einer gesamten „Geschichte", wenn man das so sagen/schreiben kann. (Eine bessere Erklärung fällt mir dazu leider gerade nicht ein.)

Nie würde ich mir etwas stechen lassen, was für mich keine Bedeutung hat. Und wenn ich mir etwas stechen lasse, dann wird es immer etwas mit Janine sowie dem Leben mit und ohne Janine zu tun haben!!!

Auf diese Weise sind wir auf ewig unzertrennlich!!

Nach inzwischen über sieben Jahren vergeht kein Tag, an dem ich nicht an sie denke oder ihr Bild vor mir sehe!!

Es vergeht kein Tag, an dem mein Blick nicht zum Himmel geht und ich nach irgendetwas suche, das mir vielleicht zeigt, dass es Janine gut geht, dort wo sie jetzt ist!!!!!

Ich weiß, dass sich das irgendwie komisch liest! Man schaut zum Himmel in der Hoffnung ein „Zeichen" zu entdecken und dennoch ist es so. Hin und wieder entdecke ich am Himmel Dinge, die mir meine Suche nach Zeichen von ihr nur bestätigen.

Zwei dieser Zeichen hänge ich diesem Text mal an und beende damit auch meine Erzählungen zu meinen Tattoos.

Danke fürs Lesen. Ich sende Euch allen von Herzen alles Gute und unendlich viel Kraft für ein Leben, was nicht wirklich immer lebenswert ist!! Und das, egal ob man sein Kind verloren hat oder andere Schicksalsschläge hat erleben und ertragen müssen.

Eure

iomio mit Janine für immer im Herzen und Timmy und Nela immer dabei.

Norddeich Hundestrand
iomio / 22.06.2013

Marion D.

Jessica F.
*25.02.1993 +02.02.1997

Michél F.
*25.02.1993 +21.04.2011

Die Geschichte meiner Tattoos begann eigentlich schon 1993 - jedenfalls die Grundidee.

Wir haben drei Kinder. Michél und Jessica wurden am 25. Februar 1993 geboren und im Sommer 1994 machte Pascal unsere Familie komplett.
Spätestens nach Pascals Geburt wünschte ich mir ein Tattoo für meine Kinder ... aber mit drei kleinen Kindern tritt solch eine Idee auch ganz schnell wieder in den Hintergrund.
Es gab nun Wichtigeres!
Jessica hatte einen komplexen Herzfehler und immer wieder mussten wir sie zu diversen Untersuchungen und Operationen in die Klinik bringen.
Obwohl Jessica konditionell fit war, selten durch ihre Krankheit einge-schränkt wurde und tapfer alles über sich ergehen ließ, mussten wir sie kurz vor ihrem vierten Geburtstag, nach der dritten großen Herz-OP, am 02. Februar 1997 gehen lassen.
Die Zeit und Muße wirklich zu trauern habe ich mir damals nicht genommen.

Pascal und Michél, der ja nun entzwillingt war, forderten meine ganze Aufmerksamkeit und Zuwendung. Auf Millionen von Kinderfragen zu Gott und dem Himmel, in dem Jessica ja nun war, musste ich kindgerecht antworten.

Irgendwie haben wir es geschafft, als Familie zusammenzuhalten und diesen Verlust zu überstehen. Der Gedanke, einen steilen und steinigen Weg geschafft zu haben, machte sich nach vielen Jahren in uns breit.

Im Herbst 2009 kam Michél und sagte mir, dass er sich ein Tattoo stechen lassen möchte. Mit seinen knapp 16 Jahren hatte er beschlossen, den Namen seiner Schwester auf seinem rechten Unterarm verewigen zu wollen. Ich fand die Idee richtig toll, zeigte sie doch, wie viel ihm seine Schwester bedeutete und wie sehr er sie noch immer vermisste.
Allerdings fand ich es nicht wirklich gut, dass er sich nur „JESSICA" in die Haut stechen lassen wollte und ließ ihn das auch wissen.
Ich gab ihm, da er ja noch minderjährig war, mein Okay, unter der Bedingung es in Ruhe noch einmal zu überdenken. Nach einem ganzen Jahr, in dem Michél seinen Tattoo-Wunsch überhaupt nicht mehr erwähnte, stand im Januar 2011 das Tattoo, im Entwurf jedenfalls, fest. Auf seinem rechten Unterarm sollte ab dem 20. April 2011 etwas ganz Besonderes für Jessica stehen.

„Tu eres la pieza que falta en mi vida yo nunca to olvidare, hermana"
(Du bist der fehlende Teil in meinem Leben, den ich nie vergessen werde, Schwesterherz)

Auf seinen Termin musste Michél dann aber nicht so lange warten.
Als hätte ihm eine innere Stimme gesagt, nicht so lange warten zu können, hatte Michél im Tattoo-Studio darum gebeten angerufen zu werden, sollte vorher ein Termin frei werden.

Am 21. Februar um 10:19 Uhr bekam ich eine SMS von Michél: „Maamaaa! Ich hab grade nen Anruf vom Tattoostudio bekommen. Die wollen mich morgen um 15:30 Uhr dazwischenschieben. Da ich morgen noch keine 18 bin, bräuchte ich, denk ich, mal so ne Einverständniserklärung und Taxi Mama müsste mich hinfahren! Im Anschluss würde ich dich in die Pizzeria zum Essen einladen ;-) Ich kann auch noch absagen, wenn es gar nicht geht

… Aber das wäre ja fast direkt an Jessicas Geburtstag und das fände ich schön. :-P hab dich lieb :-*."

Dieser Spontantermin klappte dann aber leider nicht, weil Michéls Tattoo mehr Zeit beanspruchte, als der freigewordene Termin bot. Am 4. März ist im Tattoo-Studio wieder ein Termin frei geworden und Michél bekam die Nachricht, dass er einspringen kann.

Da ich davon überzeugt bin, dass unsere Lieben uns Zeichen schicken, wage ich zu behaupten, dass Jessica für diesen Termin sorgte … zumal Michél das Tattoo ja seiner Schwester zum 18. Geburtstag schenken wollte.

Wir wollten die Kosten für das Tattoo übernehmen, da Michél sich noch immer nichts zum 18. Geburtstag gewünscht hatte. Er nahm das Geschenk nicht an und wollte das Tattoo unbedingt selbst bezahlen. Ich durfte ihn aber begleiten und war sehr gespannt. Während der Sitzung unterhielt ich mich mit der Tätowiererin - solange ich sie nicht gerade vom Stechen ab-hielt - darüber, dass ich ja schon längst ein Tattoo mit drei Sternen haben wollte … es aber immer an Zeit, Idee und Mut gefehlt habe.

Was die Idee betraf, half mir Michél auf die Sprünge. Er warf einmal ins Gespräch ein, dass doch ein Schmetterling ganz gut aussehen könnte. Kaum war seine Sitzung beendet und sein Geschenk an Jessica fertig gestochen, holte sich Michél einen Vorlagen-Ordner und begann zu suchen. Er präsen-tierte mir einen Schmetterling, der einfach perfekt war und übernahm sogar die Anzahlung für meinen Termin, nachdem das Datum (15. Juni 2011) erst mal stand.

Am 20. April 2011, dem Tag, an dem Michéls ursprünglicher Tattoo-Termin sein sollte, ging er abends mit seinem Bruder und einem Freund in einen Club zum Feiern … und kam nie mehr heim. Er wurde von einem LKW auf der Bundesstraße überrollt.

Was genau passierte, weshalb Michél alleine loslief, werden wir wohl nie erfahren …, anzunehmen ist, dass er den Heimweg über die Bundesstraße abkürzen wollte und nach einem Sturz ohnmächtig auf der Fahrbahn liegen blieb.

Meine Mitarbeit an diesem Buch scheint meinem Sohn übrigens gut zu gefallen. Es gab 2004 ein Lied, das mir Michél ans Herz legte, weil er es so toll fand. In den letzten Jahren wurde dieser Titel nur sehr selten im Radio gespielt. Als ich es etwa sechs Monate nach Michéls Tod endlich wieder ertrug, Musik zu hören, wurde, kaum dass ich die Anlage eingeschaltet hatte, dieses Lied gespielt und ich höre es seitdem täglich.

Kaum hatte ich mich an meinen Kapitelbeitrag für dieses Buch gesetzt und begonnen zu schreiben … hörte ich Michéls Lied!

Nachdem uns das Leben nun schon zum zweiten Mal voll eins auf die Mütze gegeben hatte, liefen unsere Uhren einfach anders. Nichts war mehr wirklich wichtig. Nichtigkeiten wurden einfach übersehen oder verdrängt.

Diesmal hatte ich keine kleinen Kinder mehr um mich, vor denen ich meine Trauer und meine Tränen verstecken wollte, und so ließ ich mich einfach auf meine Gefühle ein.

Mein Tattoo-Termin rückte näher und das war mir sehr wichtig.
Obwohl das geplante Tattoo für meine drei Kinder stehen sollte und auch steht, wurde es doch zum Geschenk für Michél. Er hat mich zu dem Termin überredet. Er hat mir geholfen meine Idee in die Tat umzusetzen. Er hat mich darin bestätigt.

Ich hielt meinen Termin ein und eine Freundin begleitete mich, um mir moralische Unterstützung zu geben und mir - notfalls - die Hand zu halten. Bei dem Termin flossen viele Tränen. Meine, weil Michél das Tattoo nicht mehr sehen konnte und die meiner Freundin, weil sie um die Geschichte des Tattoos ja fast solange wusste, wie ich und die der Studiobesitzerin, weil sie sich ja noch sehr gut an Michél und seine Schmetterlingsidee erinnern konnte.

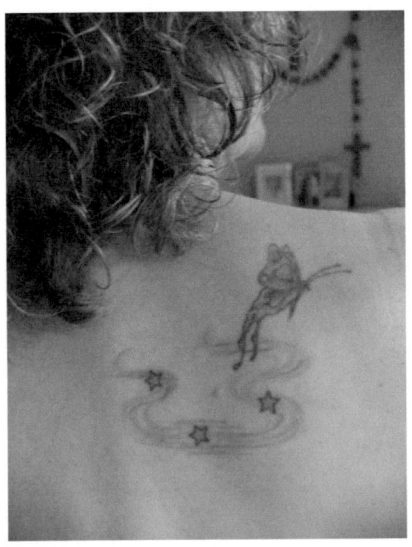

Alle verwaisten Eltern kennen die Gefühle, die entstehen, wenn ihnen etwas aus dem Leben ihrer verstorbenen Kinder in die Hände fällt. In mir entsteht dann immer ein unbeschreibliches Gefühls-Chaos, das ich nicht in Worte fassen kann.

Beim Aufräumen fielen mir einige Schulhefte von Michél in die Hände und ich schaute mir minutenlang einfach nur die Beschriftung der einzelnen Hefte an. Ich kann nicht einmal sagen, worauf ich wirklich schaute, aber in diesem Moment war für mich klar, dass ich ein weiteres Tattoo haben möchte.

Es sollte ein Tattoo sein, mit dem ich auf jeden Fall Michéls Handschrift verewigen wollte. Nun stand zwar schon mal die Idee, aber ein „M" von Michél zu finden, das nicht in Druckschrift geschrieben war, entpuppte sich als sehr zeitaufwändig. In einem seiner Schulhefte fand ich dann endlich eine Klassenarbeit mit dem, für meinen Junior typischen, „M" in seiner Handschrift. Endlich den richtigen Buchstaben gefunden zu haben macht aber noch lange kein sinnvolles Tattoo. Zumal es sich für mich falsch an-fühlte, bei dem Tattoo nur an Michél zu denken.

Auch Jessica und Pascal wollte ich wieder dabei haben und irgendwie muss-te ich mir noch mehr einfallen lassen.

Jessica war ja gerade mal vier Monate im Kindergarten, als sie starb und wir hatten keinen ihrer frühen Schreibversuche - jedenfalls keinen der nicht mindestens 10 cm groß war. Ich mopste mir aber auf jeden Fall Pascals Ausweis, kopierte mir sein „P" (aus seiner Unterschrift) und machte mich daran, mit diesen drei Buchstaben zu spielen. Viele Ideen kamen mir in den Sinn und viele Ideen verwarf ich, weil sie zu kitschig, einfallslos oder nichtssagend waren. Immer wieder saß ich mit einem weißen Blatt am Schreibtisch und suchte Inspiration in unseren Fotoalben. Wie es ja oft ist, an die einfachsten Dinge denkt man immer erst am Schluss …

Schon bald nach dem tödlichen Unfall von Michél stand für Pascal fest, dass er ein Tattoo haben möchte. Er hatte ja nicht nur seinen Bruder verloren, sondern mit seinem Bruder auch seinen besten Freund. Manchmal erzählt mir Pascal, was er und Michél alles für ihre Zukunft geplant haben. Manche Absprachen erfahre ich dann auch eher zufällig.

So hatten sie sich mit Freunden einmal versprochen, sich im Todesfall am Geburtstag zu besuchen und am Grab ein Bier zu trinken und eine Zigarre zu rauchen. Eine ergreifende Idee, die mich, als sie es am ersten Geburtstag wahr machten, zum Heulen glücklich machte.

Im Januar 2012 besuchte Pascal dann das Tattoo-Studio, um den Entwurf für ein Tattoo zu besprechen. Auch er wollte seinem Bruder etwas schenken und auch er wollte einen Schriftzug auf dem rechten Unterarm. Da es im Studio auch noch ein Foto von Michéls Tattoo gab, fand sich sogar der passende Schrifttyp. Nur wollte Pascal das Ganze nicht auf Spanisch, sondern auf Französisch. Pascal verblüffte mich immer wieder mit der Schlichtheit seiner Gesten. Egal, ob es darum ging, die Musik für Michéls Beisetzung auszusuchen, oder darum, die Freunde zusammenzutrommeln und zu bewirten. Er redet nicht, er macht! Dass Pascal bei der Beisetzung (geplant war, dass ein Freund von Michél die Urne zum Grab trägt und Pascal ihn begleitet) die Urne seines Bruders zum Grab trug und dann auch in das Grab hinunter ließ, war nicht nur bewundernswert … es war Liebe pur. Am 14. Mai 2012 durfte ich ihn, zusammen mit einem guten Freund von Michél und Pascal, begleiten und zusehen, wie wieder ein Gedenk-Tattoo gestochen wird.

Tu étais le meilleur ami, frérot, et tu resteras dans mon coeur - pour
toujours
(Du warst mein bester Freund, Brüderchen, und du bleibst für immer in
meinem Herzen)

Während Pascal sich auf dem Stuhl entspannte und zuschaute, wie sein
Tattoo gestochen wird, erzählte ich von meiner neuen Tattoo-Idee und von
den vielen Entwürfen, die schon in unserem Papierkorb liegen. Die Tätowiererin bot mir ihre Unterstützung an und freute sich schon sichtbar auf
diese Herausforderung. Doch entschuldigend lehnte ich das Angebot ab. Es
sollten meine Kreativität, meine Gefühle und mein Herz in dem Tattoo
stecken. Aber ich vereinbarte einen Termin und leistete die Anzahlung. Jetzt
musste ich nur noch geduldig sein und weiter an meinem Entwurf arbeiten.
Der Termin war für den 9. August vereinbart und bis dahin sollte meine
Idee doch Früchte tragen können. Was soll ich sagen … der Termin kam
immer näher und mein Entwurf hatte noch keine nennenswerten Fortschritte gemacht.

Erst am Tag vor dem Termin, endlich, hatte ich den Einfall, auf den ich fast
neun Monate gewartet habe. Ich zeichnete einen kleinen Schmetterling,
einen kleinen Stern, ein kleines Herz und eine kleine Rose.

Der Schmetterling steht für die Veränderungen, die meine Kinder und der Tod der Zwillinge in mein Leben brachten. Der Stern steht dafür, dass meine Kinder mein Universum sind. Das Herz steht für die bedingungslose Liebe, die mich meine Kinder lehrten und die Rose steht dafür, dass meine Kinder mich die Welt durch ihre Augen sehen ließen. Außerdem habe ich einmal einen Spruch von Jean Paul gelesen in dem es heißt: „Gib einem Kind einen dürren Zweig, es wird mit seiner Fantasie Rosen daraus wachsen lassen." Und meine Kinder haben viele Rosen für mich wachsen lassen.

Nachdem ich nun alle Buchstaben und Symbole, nach denen ich so lange gesucht habe, hatte, ordnete ich alles an, verschob es einige Male, und legte mich dann darauf fest, das Ganze in Wellenform auf meinem rechten Unterarm zu verewigen.

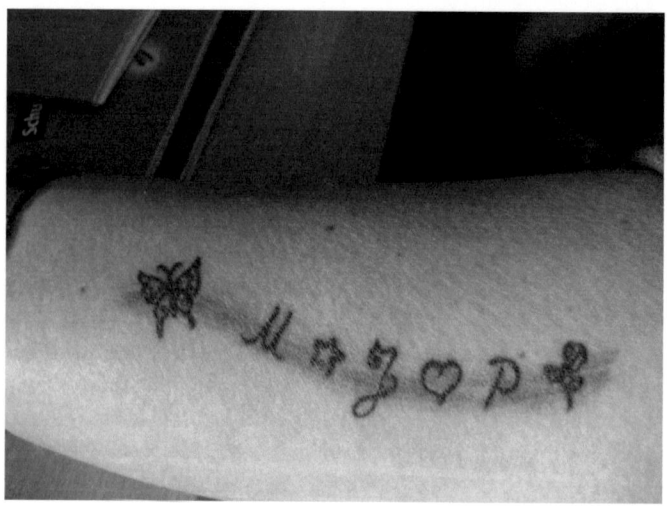

Alles was die Tätowiererin jetzt noch tun konnte, war, alles schön sauber und ordentlich unter meine Haut zu stechen. Allerdings hatte sie dann doch noch eine kleine Idee, die ich toll fand. Sie schlug vor, meine Symbole und Initialen mit Regenbogenfarben zu unterlegen … das gefiel mir.

Und dass mein neues Tattoo Michéls Zustimmung hat, bekam ich dann auch noch gezeigt. Weil das Tattoo-Studio zwischenzeitlich umgezogen war, hatte ich mein Navi dabei. Am Studio angekommen, habe ich es ausgeschaltet und eingesteckt, um es zu Hause wieder an seinen Platz zu legen. Drei

Tage später hielt ich mich im Nebenraum auf und räumte Wäsche in den Schrank, als ich plötzlich hörte, dass unser Navi mir mitteilte: „Sie haben ihr Ziel erreicht." Michél hatte nicht gerade den besten Orientierungssinn und wir haben immer gesagt, er würde sich ohne Navi sogar in seiner Hosentasche verirren. Dass das ausgeschaltete Navi plötzlich aktiviert war, kann nichts anderes bedeuten!

Pascal saß oft bei uns im Wohnzimmer und klapperte auf seinem Laptop umher. Zwar fragte ich mich manchmal, was er wohl zu schreiben hat, aber neugierig sein wollte ich auch nicht ständig. Zudem bin ich eine Mama, die eher darauf wartet, dass ihr etwas erzählt wird. Irgendwann kam dieser Moment dann auch. Pascal drehte den Monitor so, dass ich sehen konnte, woran er tagelang gearbeitet hat.
Zuerst ließ ich auf mich wirken, was er mir zeigte, dann musste ich grinsen, dann machte ich große Augen und staunte. Mein Sohn hatte einen Tattoo-Entwurf auf seinem Bildschirm. Auf einem computergezeichneten Brustkorb stand ein Satz auf Spanisch und es war offensichtlich, dass es dabei um Michél ging. Denn unterhalb dieses Satzes sprangen mir die Vereinsembleme von Michéls und Pascals Lieblingsvereinen in die Augen.
Im ersten Moment konnte ich nichts sagen. Dieser Tattoo-Entwurf sprach für sich. Doch es gefiel mir … und gefiel mir nicht. Wir redeten darüber und ich teilte Pascal dann ganz mutig mit, dass mir nur zum Teil gefiel, was er entworfen hat. Endgültig war der Entwurf noch nicht und vor allem mit der Schrift war Pascal noch unzufrieden.

Tage später präsentierte er mir einen Schrifttyp, der unglaublich schön war und für die Größe des Tattoos wie geschaffen. Es fehlten manche Buchstaben, weil Pascal die Schrift irgendwo im Netz gefunden hatte. Aber das sollte kein Problem sein. Ich versprach meinem Sohn, ihm die fehlenden Buchstaben zu zeichnen. Die Vereinsembleme hatte Pascal inzwischen entfernt und jetzt suchte er nach einer anderen Idee, die auch schnell gefunden war. Nun sollten unterhalb des Satzes die Anfangsbuchstaben seiner Geschwister stehen. Eine Idee, die mir um vieles besser gefiel. Die Künstlerin in mir konnte dann aus sich herausgehen und das Tattoo so zeichnen, dass es gestochen werden konnte.

Am 16. Mai 2013 durfte ich Pascal ins Studio begleiten und dabei sein, als sein Gedenk-Tattoo für Michél und Jessica gestochen wurde. In Anbetracht der Größe des Tattoos war klar, dass es etwas länger dauern wird, nämlich ganze vier Stunden. Dann zierte ein wunderbarer Satz in einer genialen Schrift die Brust meines Sohnes.

„Hay cosas que nos unan para siempre - Juntos"
(Manche Dinge verbinden uns für immer - Zusammenhalt)

Wann immer ich die Tattoos auf meiner Haut, oder auf der Haut meines Sohnes betrachte, habe ich den Satz im Kopf: „Die Zeit vergeht, aber die Liebe bleibt."[3]

In Michéls Todesanzeige hatte ich ein Foto, das Pascal sich am Vormittag des 21. April 2011 auf sein Handy gezogen hat. Es ist eines der schönsten Fotos von Michél und zeigt perfekt seine Lebensfreude und seinen Chame. Zu diesem Foto habe ich einen Satz schreiben lassen, der mir tagelang durch den Kopf ging.

„Was bleibt ist die Erinnerung … und ein Bild von dir."

Conny F.

---

[3] „Die Zeit vergeht, aber die Liebe bleibt" nach „Tempus fugit - amor manet"
(deutsch: „Es vergeht die Zeit - die Liebe bleibt") Quelle: wikipedia.org

Joshua W.

*25.02.1997 +20.06.2013

Mein „Bär", Du bist immer bei mir,
unser Band der Liebe kann nichts
und niemand trennen!

We meet us in heaven again!

Der 25.2.1997, ein Dienstag, an dem Du das Licht der Welt erblicktest, war
einer meiner schönsten Tage in meinem Leben.

Sehr schnell verzaubertest Du alle mit Deinem Charme, Deinem Lächeln
und Deinen großen Kulleraugen. Deine drei Geschwister Daniel und
Vanessa, die älter sind als Du, sowie Luana, die fast genau ein Jahr nach Dir
geboren wurde, machten mit Dir die Familie komplett. Deine Grundschul-
zeit forderte einiges von Dir ab, Du hattest unter manchen bösen Intrigen
zu leiden, die wir aber zusammen gemeistert haben. Ich werde nie die Ur-
laube vergessen. Du liebtest das Meer und die Sonne. Korsika war Dein
liebstes Ziel. Da wolltest Du gern mal wieder hin.

Als Du so zehn bis zwölf Jahre alt warst, entdecktest Du die Liebe zur Musik und fingst an Trompete zu spielen. Mit voller Hingabe hast Du geübt, kein Termin bei Deiner Lehrerin durfte versäumt werden und alle Proben mit Deiner Musikkapelle hieltest Du akribisch ein.

Deine Musik war Dein Leben, hat Dich und Dein junges Leben sehr geprägt und zu einem richtig erwachsenen, 16-jährigen „Mann" gemacht. Mit 14 Jahren absolviertest Du sehr erfolgreich die D1-Prüfung und bereits ein Jahr später die D2-Prüfung. (D1 ist das Musikerleistungsabzeichen in Bronze, das durch eine Prüfung auf einem Instrument zusammen mit genügend theoretischem Wissen erworben wird. Weiter geht es mit D2, Silber, die Prüfung für Jungmusiker, die ihr Instrument sicher beherrschen). Du wolltest im Herbst 2013, nach Deinem Schulabschluss die D3 (Gold) Prüfung absolvieren. Das Musikerabzeichen für besonders begabte Jungmusiker!! Doch dazu kam es nicht mehr.

Dir standen mit Deiner Musik alle Wege offen. Dein letztes Konzert mit Deiner Musikkapelle, am 23.03.2013, werde ich nie vergessen - Du hast so toll gespielt und ich war so stolz!

Ich weiß jetzt, dass Dir Deine Musik sehr viel gegeben hat, Dir Deinen Weg im Leben zeigte und über so viele Enttäuschungen hinweg half. Du hast so viel Liebe gegeben und mir sehr dabei geholfen den Tod meines Papas und Deines geliebten Opas zu verkraften. Erst vor kurzem fand ich ein „Geschichtenbuch" zum Muttertag von Dir, das Du mit Deinen zwei Schwestern gestaltet hast.

TRAUER
Wenn man einen sehr wichtigen Menschen verliert, ist einem alles egal und man würde sich am liebsten umbringen, doch es hat keinen Sinn, denn dein Leben ist wertvoll. Auch wenn es dir schwerfällt, den Menschen, der dir was bedeutet, loszulassen, muss es sein, denn du bist einzigartig und wirst die Menschen, die du lieb hast, in deinem Herz behalten. Auch deinen Papa (meinen Opa) werde ich immer im Herzen behalten, weil er ein herzensguter Mensch war, so wie du es bist.
Joshua W. 2006

Dies hast Du mir mit neun Jahren kurz nach dem Tod Deines Opas zum Muttertag geschrieben.

Danke mein Jo, diese Worte werden mich auch jetzt nach Deinem Tod immer begleiten, bis zum Ende des Regenbogens an dem Du hoffentlich auf mich wartest, bis ich eines Tages dorthin komme ...

Bin ich mal wieder kaputt von der Arbeit nach Hause gekommen, hast Du nur gesagt: „He, Mum, chill mal dein' Blutdruck." Aus jedem tiefen Loch hast Du mich mit Deinem Lachen und Deinen Späßen gezogen. Du warst der Spaßvogel in der Familie, der immer positiv gedacht hat.
Dein Lebensmotto: , „Alles fresh."

Kurz nach Deinem 15. Geburtstag hattest Du den Wunsch den Rollerführerschein zu machen. Du sagtest: „Mum, ich will Dir doch was abnehmen, da brauchst Du mich nicht ständig nach der Arbeit zwei bis drei Mal in der Woche zur Probe fahren." Also gut.

In den Ferien 2012 gingst Du bei Deinem Bruder im Betrieb jobben, nur um Dir diesen Wunsch mit dem Führerschein erfüllen zu können. Im Februar 2013 hast Du erfolgreich Deine Rollerprüfung abgelegt. Das letzte Schuljahr für Dich, Du hattest definitive Ziele, wie Dein Leben weitergehen sollte. Zuerst wolltest Du eine Ausbildung zum KFZ-Mechatroniker machen und dann nach Trossingen auf die Musikakademie, um Musik zu studieren.

Alles entwickelte sich gut für Dich, bis zum Donnerstag, dem 20.06.2013 um 16.02 Uhr. Wir hatten vom 15.-19.06.2013 echt super Wetter. In diesen Tagen warst Du mit Deinen Freunden im Freibad, hast das Leben in vollen Zügen genossen und keiner wusste zu dem Zeitpunkt, dass es Deine letzten Tage waren. Ich musste an diesem besagten Donnerstag, dem 20.06.2013, Spätschicht machen, aber auch an diesem Tag, wie so oft, hast Du mich besucht. Du wolltest mir mitteilen, dass die Mittagsschule ausfällt und Du die Woche darauf Freitag mündliche Prüfung in Deutsch hättest. Ja, wäre bloß die Mittagsschule gewesen ... Über Mittag ist bei mir im Geschäft immer viel los, daher hast Du Dich relativ schnell von mir verabschiedet: „Ciao, Mum, hab' Dich lieb, bis heut' Abend, ich geh jetzt heim zum ‚Bube'." Ja, Dein „Bube", unser Sam, Dein Hund, den Du so geliebt hast. Selbst über Mittag bist Du mit dem Roller nach Hause gefahren, nur um mit ihm zu laufen.

Es war so ca. 13.00 Uhr, als Du gingst. Wenn ich gewusst hätte, dass das Deine letzten Worte waren, Dein letztes Lächeln ...

Um ca. 16.00 Uhr hörte ich ziemlich viel Polizei und dachte mir nichts dabei, denn Du warst ja zu Hause. Um 16.30 Uhr klingelte bei mir im Geschäft das Telefon. Deine Schwester Luana war dran. Stotternd fragte sie mich: „Mum, ist Jo bei dir? ... Es soll einen Unfall am Freibad gegeben haben, mit einem Rollerfahrer. Dieser sei tot." Ich versuchte sie zu beruhigen und rief bei der Polizei an, meldete mich mit meinem Namen und wollte wissen, ob es einen Unfall am Freibad gab. „Ist mein Kind tot?" - kurze Stille. Daraufhin wurde ich gefragt: „Frau W., wo sind Sie? Die Kollegen sind unterwegs zu Ihrer Familie, bleiben Sie da." Als ich dies hörte, wusste ich, es war die grausame Wahrheit und brach zusammen.
Von einer Sekunde auf die andere stand meine Welt still.

Du tot - nein, das kann nicht sein!
Warum? Was war passiert?

Wie sich später herausstellte, wolltest Du mit Deinem Roller noch kurz nach Münsingen fahren. Hinten herum, übers Freibad, wie immer! In einer Kurve wurdest Du von einem viel zu schnellen Auto erfasst. Du warst sofort tot - hattest keine Chance. Fassungslosigkeit, Trauer und Verzweiflung herrschten in der Familie, wie sollte es weitergehen ohne Dich? Dein Lachen, Deine Liebe, Deine Musik, alles!! Deine Zukunft wurde von einer

Sekunde auf die andere ausgelöscht. In den ersten paar Wochen nach Deiner Beerdigung dachte ich immer, Du kommst wieder, es war alles so unwahr. Ich spürte Dich so nah - in vielen Situationen und kleinen Zeichen.

Was sollte ich tun?

Es gab zwei Möglichkeiten, entweder ich beendete mein Leben oder ich versuchte in Deinem Sinne weiterzuleben, bis wir uns eines Tages im Himmel wiedersehen. Du hast es immer so geschätzt an mir, dass ich kämpfe wie eine Löwin. Also wählte ich den Kampf für Dich und mit Dir im Herzen und versuche jeden Tag von Deiner Liebe und Kraft, die Du mir 16 Jahre gegeben hast, zu zehren - und in Deinem Sinne weiterzumachen.

Ich trage Dich für immer und ewig in meinem Herzen. Unser Band der Liebe kann niemand zerstören, selbst der Autofahrer nicht, der Dich auf dem Gewissen hat! Niemals hätte ich, als Du noch lebtest, daran gedacht, mir ein Tattoo stechen zu lassen. Ich hatte vor den Schmerzen viel zu viel Angst. Der 20.06.2013 änderte jedoch schlagartig alles. Was sind Tattoo-Schmerzen!? Es gibt Schlimmeres!! Ich entschloss mich, Dich nicht nur in meinem Herzen, sondern auch für immer auf meiner Haut zu tragen. Ich fand relativ schnell einen super Tätowierer, der mir Deinen Namen mit Schriftzug: „In loving memory" auf den Oberarm stach. Der Termin war ca. 3 Monate nach Deinem Tod. Ich fuhr mit Deiner kleinen Schwester Luana zusammen nach Rottenburg. Sie wollte mir beistehen. Eigentlich hatte ich schon große Angst - was kommt auf mich zu, was sind das für Schmerzen? Tief in meinem Inneren jedoch wusste ich, dass Du bei mir bist und mir immer wieder zuflüsterst: „Mum, du schaffst das!"

Der erste Stich ... es tat gar nicht so weh, ich hatte immer im Kopf: „Das ist alles für Jo." Und ich muss wirklich sagen, es gibt schlimmere Schmerzen. Die Schmerzen, die mein Herz erfüllen, seit Du nicht mehr bei uns bist. Die Schmerzen, die Du hast erleiden müssen. Nach einer Stunde war dann Dein Name tief unter meiner Haut. Ich war so stolz. Du warst jetzt nicht nur in meinem Herzen, sondern auch auf meiner Haut. Irgendwie jedoch fehlte etwas. Alle sollten sehen, wie groß Deine Liebe zur Musik war. Daher beschloss ich, Deine Trompete mit Notenlinien direkt unter Deinem Namen tätowieren zu lassen. Ich ging also noch einmal mit meinem Wunsch dorthin. Es machte mir auch gar nichts mehr aus, wie lange und wie stark da auf meiner Haut herum gestochen wurde. Ich wollte Deine Trompete auf meinem Arm. Ich tat es ja nur für Dich.

Hamdi, ein echt toller Künstler, zeichnete einfach so aus dem Kopf heraus die Trompete auf meine Haut, verzierte sie mit Noten, die Flügel haben, und Notenlinien. Ich sollte es mir anschauen, ob das so okay wäre - ich war überwältigt. Wie toll würde es erst „richtig" gestochen aussehen! Deine Trompete auf meinem Arm! Es ging los. Da es ja viel größer und aufwendiger als Dein Name war, dauerte es diesmal etwas länger.

Nach zweieinhalb Stunden jedoch war Deine Trompete auf meinem Arm verewigt. Das Tattoo war komplett. Und alle können sehen, dass ich Dich auch auf meiner Haut bis zum Ende mittragen werde.

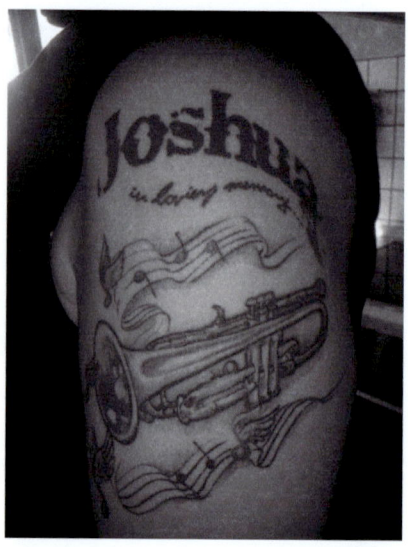

Dein 17. Geburtstag rückte näher. Der Erste ohne Dich. Es brodelte in mir. Zu dieser Zeit war ich kurz davor aufzugeben, denn diese Lücke, die Du hinterlassen hast, wurde immer mehr zur Schlucht.

Irgendwie jedoch musste ich immer daran denken, was mir Deine Liebe gegeben hat. Ich durfte nicht aufgeben. Auch für Deinen Vater, Deine drei Geschwister und Deinen Sam. Ich musste weiter kämpfen. Eigentlich dachte ich, das Tattoo mit Deinem Namen und der Trompete sei das Erste und

Letzte. NEIN. Ich musste für mich ein neues Lebensmotto finden. Ich wollte dies dann tätowiert haben, sodass ich jedes Mal daran erinnert werde, wenn ich darauf schaue. Aber was gibt es überhaupt für ein Lebensmotto, wenn dein Kind mit 16 Jahren aus dem Leben gerissen wird? Eigentlich keines mehr, nur jeden Tag versuchen so gut wie möglich auszuhalten. Ich grübelte lange, suchte nach Sprüchen oder Wörtern. Dann stieß ich auf ein Tattoo mit einer Feder.

Dahinter stand: NEVER GIVE UP.

Das war es. Ich wusste gleich, es wäre in Deinem Sinne, dass ich trotz Deines Verlustes versuchen sollte niemals aufzugeben. Also vereinbarte ich wieder einen Termin beim Tätowierer und ließ mir den Spruch samt Feder auf den Unterarm stechen.

Wie oft schaue ich auf den Spruch, der mir hilft, an manchen Tagen nicht zusammenzubrechen.

Dem nicht genug: Inzwischen ist noch ein neues Tattoo dazugekommen. Ich habe Dich im Herzen und Deine drei Geschwister an der Seite, daher wollte ich noch ein Tattoo, in dem ihr alle dabei (gemeinsam) zu sehen seid. Für immer in meinem Herzen und auf meiner Haut. So habe ich mich entschieden, vier Schmetterlinge stechen zu lassen - und dazu drei kleine - Du weißt, für wen die kleinen stehen.

Zwischen den Schmetterlingen steht der Spruch:

„FOREVER IN MY HEART."

Für Dich haben wir einen Schmetterling mit geschlossenen Flügeln ausgewählt und für Deine Geschwister mit offenen.

In jedem dieser Schmetterlinge ist der Anfangsbuchstabe von Euren Namen eingearbeitet. Nicht so, dass man es auf Anhieb sieht: Die hat er ganz toll versteckt in die Flügel eingearbeitet.

Ein J., ein V., ein D. und ein L.

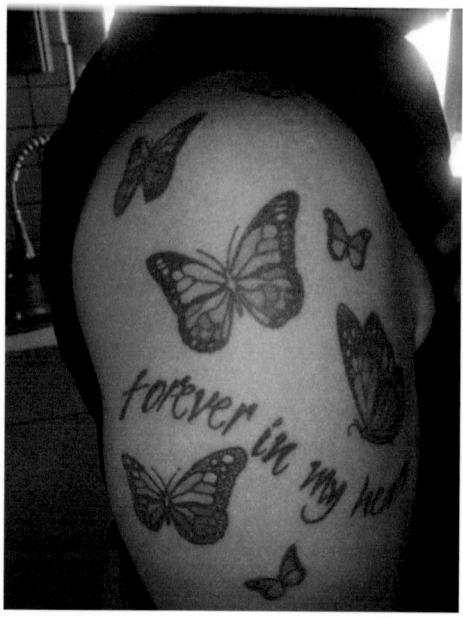

Mein Leben hat sich nach dem 20.06.2013 schlagartig verändert. Es ist nichts mehr so, wie es noch am 19.06.2013 war. Ich wünschte die Zeit zurückdrehen zu können, denn alles, was mir seit dem 20.06.2013 noch bleibt, sind die Erinnerungen, die Bilder und Deine Musik, die ich auf CD habe.

Es tut so weh ohne Dich leben zu müssen.
Du warst so ein toller Junge.

Ich bin so stolz Deine Mutter zu sein und dankbar für die 16 Jahre, die ich Dich begleiten durfte.

Viel zu früh musstest Du gehen - Du, der das Leben so geliebt hat.

Die Frage nach dem „Warum?" wird immer bleiben.

Du fehlst!

In ewiger Liebe, Deine Mum.

Claudia W.

Julian D.

*27.05.2007 +17.08.2007

Spinale Muskelatrophie (SMA)
Kurz vorweg, SMA ist eine Form des Muskelschwundes, verursacht durch
den Untergang bestimmter Nervenzellen im Rückenmark. Ganz einfach
heißt das, dass Nerven und Muskeln miteinander nicht mehr kommunizie-
ren können. Betroffene sind, je nach Form, in alltäglichen Dingen extrem
eingeschränkt und auf die Intensivmedizin angewiesen.

Bewegung, Essen, Trinken und Atmen waren in unserem Fall sehr früh
stark eingeschränkt. Für diesen erblichen Gendefekt gibt es zurzeit keine
Heilungsmöglichkeit. Ich schreibe von der SMA Typ Ia - Werdnig-
Hoffmann, welche in dieser ausgeprägten Form ausschließlich Babys be-
trifft. Sie zeigt sich bereits innerhalb der ersten 6 Lebensmonate und kann
von Kind zu Kind unterschiedlich stark oder schwach verlaufen.
Julian starb, im Alter von nur drei Monaten, an den Folgen einer Spinalen
Muskelatrophie.

Vielleicht fange ich lieber von vorne an.
Anfang Oktober 2006 saß ich heulend im Auto, hörte ein Lied und dachte
an eine Beerdigung. Wenige Tage später heulte ich bei einem positiven
Schwangerschaftstest. Woher diese Gedanken kamen, konnte ich nicht
erklären, aber neun Monate später strahlte ich unter Wehen. Die Gedanken
aber ließen mich nicht los. Vielleicht lag es an meiner schweren Lektüre.
Kurz vor und nach der Geburt las ich das Buch einer verwaisten Mutter.
Warum ich mir ausgerechnet zu diesem Zeitpunkt dieses Buch aussuchte,
konnte ich nie erklären.

Julian wurde am 27.05.2007 - Pfingstsonntag - geboren. Ich weiß nicht
mehr, wie das Wetter war. Als ich schnaufend und wehend über dem Gar-
tentor hing, während der Autoschlüssel nicht auffindbar war, regnete es
zumindest nicht. „Zum Kaffee ist ihr Sohn da.", das Versprechen hielt die
Hebamme. Er war, pünktlich zwei Wochen vor dem Termin da, stimmge-
waltig und hatte den schönsten „Conehead" der Welt.

Ich war eine glückliche, aber sehr besorgte junge Mama. War es zu warm
oder zu kalt? Trank er zu lang oder zu kurz? War ich paranoid oder stimmte

da etwas nicht? Ich wollte ihn eigentlich nicht aus dem Arm geben. Nach ein paar Wochen strampelte er nicht mehr, wackelte nur noch mit den Unterarmen. Er schrie kaum noch und wimmerte meist. Er atmete seltsam. Aber es musste wohl alles stimmen. Er wäre nur faul, sagte man mir. Ich sollte mir keine Sorgen machen. Alles wäre gut.

Ich achtete auf andere Kinder in seinem Alter und befragte die Mütter. Dr. Google war ungnädig mit mir und spuckte nur undenkbar schlimme Dinge aus. Ich wollte Sicherheit. Wollte hören, dass mein Bauchgefühl mich belog. Der Kinderarzt reagierte auf meine Ängste und kurz darauf rannte ich mit Julian die Kopfsteinpflasterstraße hinunter. Eine Überweisung in der Hand und viele gute Wünsche im Gepäck.

Lächeln

Julian und ich saßen in der Notaufnahme der Kinderklinik. Nein, es stimmte wirklich etwas ganz und gar nicht. Die Ärztin war sehr aufmerksam. Ich war beunruhigt und während die Ärztin mir erklärte was nun losbrechen würde, sah ich meinen Sohn an. Er schaute mich an und lächelte sein erstes Lächeln, während ich weinte.

„Mit etwas Glück wird es zwar nicht reversibel sein, aber zumindest nicht weiter fortschreiten."

Bei Untersuchungen war man ehrlich mit uns und am zweiten Tag fragte ich, was dieses ominöse SMA auf den Untersuchungsscheinen zu bedeuten hätte. Die Ärztin nahm sich sehr viel Zeit und schlussendlich weinten wir beide. Julian schlief und ich ging raus. Ich musste weg. So fand ich mich heulend, hinter Mülltonnen gekauert, in mein Handy jammernd, wieder.

Durchatmen, weiter machen.

Wir begannen uns im Krankenhaus einzurichten. In den Berichten stand: „Mama hat bei jedem Gespräch Tränen in den Augen."
In der Anforderung für die Krankengymnastik schrieb man: „Mutter am Boden".
Ich selbst dachte, ich wäre stark gewesen. Wollte es so sehr sein.

Mein Sohn war es. Er hatte immer gelächelt. Ein glückliches süßes Baby, das mit den Unterarmen wackeln und auf seinen Plüschsiggi einbrabbeln konnte.

Ich brauchte Hilfe
(Eigene gekürzte Einträge in einem Forum)
Mittwoch, 11. Juli 2007, 13:34
„Hallo. Mein Name ist Maria. Mein kleiner Julian ist (...) 6 Wochen alt geworden. Seit einer Woche sind wir im Krankenhaus. (...) Reflexe sind nicht auslösbar (...). Keinerlei Kopfkontrolle und Schaukelatmung bereits jetzt. Ich weiß nicht, wie ich damit umgehen soll (...) bin der Meinung man irrt sich ... ihn kann es nicht getroffen haben."

Sein Brustkorb war bereits eingefallen, das Atmen sah sehr angestrengt und schaukelnd aus. Sein Köpfchen hatte er nie halten können und wir mussten sehr darauf achten, es immer zu stützen. Auch im Liegen. Das sahen Außenstehende natürlich nicht und oft fiel Julian Fremden auf, weil er so „brav" im Wagen lag und jeden anstrahlte. Dass er sich einfach nicht bewegen konnte, begriffen die Leute nicht. „So ein braves Kind! Gute Besserung!"

Donnerstag, 12. Juli 2007, 16:02
„(...) Wir durften heute nach Hause. Warten können wir ja auch hier.
Nächste Woche hoffe ich auf eine endgültige Aussage. Dann kann ich damit arbeiten. Ich hoffe dann, meinem Kleinen so etwas wie Alltag und alles Schöne bieten zu können. Und ich schäme mich, dass ich so egoistisch denke und bereits jetzt Angst vor dem Abschied habe. Er sieht so gesund aus (...). Ich stille noch ... und jedes Mal ist mir so zum Heulen, ich hab vor allem Angst (...). Und wann muss ich niemand anderen mehr trösten? Außerdem mache ich mir Gedanken darüber, ob er leiden muss, ob er was bemerkt ... oder ob er einfach einschlafen darf."

Das Ergebnis der genetischen Untersuchung dauerte einige Zeit, obwohl es schon als sehr eilig eingestuft wurde. Meine Gedanken kreisten immer wieder darum, wie es einmal werden wird, ob mein Kind alt werden darf. Die Angst vor dem vielleicht viel zu schnellen Abschied beschlich mich immer wieder und ich störte mich sehr daran. Denn ich wollte so sehr, dass Julian leben darf. Für mich als Mama war ein Abschied unvorstellbar. Auch die Sorge darum, wie es am Ende wohl sein würde für ihn.

Als wir aus dem Krankenhaus kamen wollten wir nur Alltag. Das war schwieriger als erwartet. Julian war kein „normales" Baby. Jederzeit hätte er sich so sehr verschlucken können, dass er erstickt. Jederzeit hätte seine Atmung zu schwach sein können. Ein kleiner Schnupfen hätte seine Situation so verschlimmern können, dass wir sofort wieder ins Krankenhaus hätten fahren müssen. Jeden Abend hatte ich Angst, jeden Morgen hatte ich Panik.

Unermüdlich erklärten wir anderen, zeigten wir, besprachen wir. Die Menschen taten sich schwer zu verstehen, dass Julian so gesund aussah, aber dennoch so sehr kämpfen musste. Etwas tun zu können, und sei es nur reden, half.

Aber war ich allein mit meinem süßen Baby, hatte ich wieder nur Angst. Wir besprachen Rollstuhlrampen. Klamotten mit Klettverschluss, damit man ihn beim Anziehen nicht so ärgern musste. Er sollte schließlich größer und älter werden. Alles Dinge, die nichts mit der Gegenwart zu tun hatten. Es gab schließlich eine Zukunft. Mit einem zwar schwer beeinträchtigten, aber lebenden kleinen Jungen.

Samstag, 14. Juli 2007, 18:26
„(...)Ich denke manchmal über die Konsequenzen des Ganzen nach und schäme mich dann ziemlich, dass ich nicht einfach das Hier und Jetzt genießen kann. Ich sorge mich (...)."

Welches Datum, welcher Wochentag? Das war egal. Wichtig war nur, dass Julian keinen Infekt bekam, nicht im Zug lag, nicht zu sehr schwitzte, genug trank. Entspannung gab es kaum. Kuscheln und an später glauben. Alle irrten sich vielleicht ja doch. Die Sorge um das, was noch kommen mag, aber war allgegenwärtig.

Sonntag, 15. Juli 2007, 22:41
„(...) Furchtbar dieses Warten. Uns wurde gesagt, dass es Ende nächster Woche wahrscheinlich da sein wird. Mussten dann ‚nur' zwei Wochen warten. Viel zu lang. Irgendwie sucht man immer nach dem dünnen Strohhalm. Es könnte vielleicht ja doch etwas anderes sein."

Das Ergebnis der genetischen Untersuchung stand noch immer aus und jeder Tag bestand aus Grübeln darüber, dass es vielleicht ja doch nicht das

Schlimmste war, von dem die Ärzte ausgingen. Obwohl mein Bauch es mir doch schon so viel früher geflüstert hatte.

Donnerstag, 19. Juli 2007, 18:12
„Befund
So, ... jetzt ist es leider amtlich. SMA Typ 1a.
Im Moment stehen wir irgendwie neben uns."

Schwarz auf weiß: „Ihr Kind hat eine sehr geringe Lebenserwartung." Das Gespräch verlief sehr ruhig und sachlich. Wir hatten wunderbare Ärzte an unserer Seite, die uns Mut machten, aber nichts verheimlichten. Die Prognose lautete: möglicherweise ein Jahr. Plötzlich war Zeit wichtig. Mein Vater sollte seinen Enkel sehen. Meine Großeltern sollten ihn wenigstens einmal in den Arm nehmen können. Meine Oma sollte mir Vorträge übers Stillen halten und meine Mama sollte mich verdammt noch mal irgendwie trösten. So brachen wir, mit der Genehmigung der Ärzte, zu einem kleinen Urlaub auf. Julian ging es sehr gut und ich freute mich auf meine Heimat. Natürlich fuhr die Angst mit. Als wir ankamen, drückte ich meinem Vater seinen Enkel in den Arm und der kleine Mann machte den großen Mann mit einem Blick glücklich. Meine Großeltern hielten ihren Urenkel im Arm. Stolz, ungeachtet dessen, dass er schwer krank und fast bewegungsunfähig war. Julian strahlte und meine Großeltern waren dankbar. Meine Oma hielt mir wortgewaltige, amüsante Vorträge über das Stillen, als Bonus bekam ich noch die Schlafberatung. Ich war dankbar.
Und meine Mama versuchte mich zu trösten.

Alles erledigt?
Einige Tage nach der Ankunft trank Julian nicht mehr. Er schlief viel, sah sehr schlecht aus. Auf meinem Arm sah er an mir vorbei und lächelte ins Leere. Ich war verzweifelt.

Samstag, 4. August 2007, 01:03
„Wir wollten uns ja ein paar schöne Tage (...) machen. Leider hat Julian sich seit Donnerstag aber so verschlechtert, dass wir ihn hier in die Klinik bringen mussten. Liegt jetzt zur Überwachung auf Intensiv.
(...)
Nun organisiere ich also 1000 km von zu Hause alles für die Rückfahrt und die Zeit danach (...).

Heute ist die erste Nacht ohne mein Baby (...).
Der Zwerg schläft fast nur und wir machen uns große Sorgen. (...)
Wir wussten ja, dass es nicht immer so gut bleibt, aber dass es so schnell geht? Ich bin regelrecht schockiert und mache mir auch Vorwürfe (...). Wir dachten alles richtig gemacht zu haben.
(...)
Ich fühle mich grade so schlecht und hoffe, dass der kleine Zwerg doch noch seinen Kampfgeist auspackt und weiter macht. Es ist einfach noch zu früh."

Wir wechselten uns ab, sprachen mit Ärzten, mit dem kleinen Mann, der plötzlich so schlapp und grau aussah. Nebenan im Bett lag ein noch jüngeres Baby. Es stemmte sich hoch und hatte so unglaublich viel Kraft. Ich saß fassungslos daneben. Mein Kind wird sehr bald nicht mal mehr alleine atmen können. Mittlerweile wurde er über eine Magensonde ernährt und kam ohne Sauerstoffzufuhr nicht mehr aus. Wir fühlten uns nicht optimal betreut und beschlossen, mit einem Krankenwagen in unser Krankenhaus nach Hause zu fahren. Als wir nach langen 11 Stunden ankamen, ging es ihm sehr schlecht. So standen wir erst mal vor der Tür, während drinnen gekämpft wurde. Er packte seinen Kampfgeist aus und strahlte mich am nächsten Morgen quietschend an. Er hatte es allen gezeigt und wir durften nach Hause. Noch knapp eine Woche durften wir zu Hause sein. Das Schlafzimmer war unser Lebensmittelpunkt. Julian lachte viel, trotz Atemnot, trotzdem er sich kaum mehr rühren konnte. Der Monitor lief, wenn er schlief, die Milch kam über die Magensonde, der Raumluftumwandler brummte vor sich hin. Die Sauerstoffflaschen lagen griffbereit, die Absaugung stand parat. Der Verlauf wäre rasant sagten die Ärzte. Wie begrenzt seine Zeit wäre, könne man nicht absehen, aber wir müssten uns Gedanken machen, wie weit wir gehen. Die Entscheidung trafen wir an einem Abend, an dem es ihm gut ging. Palliativversorgung. Wir wollten es ihm schön machen, solange es ging. Er schlief ganz ruhig in seinem Bettchen. Wenige Minuten nach dem Gespräch sahen wir in sein Bettchen. Der Monitor alarmierte. Julian bekam keine Luft mehr.
Mit Blaulicht ging es durch dichten Verkehr in die Kinderklinik. Als wir ankamen wurden wir sofort auf die Intensivstation geschoben. Kurzer Check, Zugang legen, verkabeln und dann kam sie. Die Frage aller Fragen.

Wie sollte es weiter gehen?

Es fand eine Nottaufe statt, die alles irgendwie noch realer machte, doch trotz der Umstände war sie sehr schön. Es ging alles so wahnsinnig schnell und die Ärzte und Pfleger(innen) gaben sich Mühe nahezu unsichtbar zu sein. Sein Papa und ich verbrachten die letzten Stunden gemeinsam mit ihm und jede Sekunde saugte ich auf. Es war das schwerste „Nichtstun" meines Lebens. Mein kleiner Junge driftete immer weiter davon, hielt unsere Finger in seinen kleinen Händen. Er schaute noch einmal, bevor er ganz ruhig einschlief. Unser kleiner Julian durfte in unseren Armen, mit Liebe begleitet, nicht lange nach einem Feuerwerk irgendwo in der Stadt, einschlafen.

Samstag. 18. August 2007, 22:21
„(...) Es war schwer nicht zu schreien und weg zu laufen. Es war schwer nicht nach Hilfe zu rufen. Es ist das schwerste ‚nichts-tun' gewesen. (...) Wir haben noch ein letztes Mal versucht seinen Geruch zu konservieren... für immer in unseren Nasen zu behalten"

Das Tattoo

Montag, 14. Juli 2008, 22:37
„ (...) mir selbst heute nachträglich ein Tattoo geschenkt. Es steht für einen Neuanfang (...). Das ist sicher nicht jedermanns Ding, aber ich mag es. Nein, ich liebe es. Es ist ein Einzelstück (...), jetzt trage ich Julian in meinem Herzen und auf meiner Haut."

Das Leben ging wider Erwarten weiter. Ich dachte die Welt müsste stehen bleiben, mein Leben war nun zu Ende. Die Menschen müssten doch verstehen, dass es nicht einfach weitergehen kann. Nach kurzer Zeit gingen wir wieder arbeiten. Das Anstarren der Wände wurde lästig. Das ewige Denken und sich im Kreis drehen brachte kein Ergebnis. Es war schwer.

Viele kleine Dinge warfen mich aus der Bahn. Jemand fragte, warum ich nicht bei meinem Sohn zu Hause wäre. Es auszusprechen war lange nicht möglich. Stattdessen lief ich oft davon. Ich wollte nicht antworten. Eigentlich wollte ich auch gar nicht dort sein. Aber das Leben ging ja schließlich weiter.

Dann bot man mir einen neuen Job an und ich wollte es versuchen. Auch wenn das Arbeiten in einem Bereich, der mich täglich daran erinnerte, was ich manchmal nur vergessen wollte, hart werden würde.

Ich begann im OP zu arbeiten. Mit Kindern. Mit Müttern, die ihre Kinder verloren. Mit Schwangeren, die ihre Kinder auf die Welt brachten. Der erste Schrei bei einem Kaiserschnitt brachte allen Anwesenden Erleichterung, mir Verzweiflung. Eins stand fest: So konnte es nicht weiter gehen. Also begann ich wieder zu leben. Stück für Stück. Ich mag Tattoos und hatte auch schon vorher welche. Es war klar, dass ich eines für Julian wollte. Sein Name und das Wort Engel in Schriftzeichen waren mein Wunsch. Ich ging also los und suchte Ideen. Ich traf auf einen Tätowierer, dem ich sagte, was ich mir vorstelle, was mir wichtig ist, dass es nicht von der Stange kommen soll. Es sollte an eines anschließen. Nicht ganz einfach, da es sich um ein Tribal handelte.

Der Mann nahm sich Zeit für mich, er zeichnete, überlegte. Ich wünschte mir Blumen und entschied mich für Kirschblüten. Zu Hause sah ich mir Bilder der japanischen Kirschblüte an. Sie steht für Schönheit, Aufbruch und Vergänglichkeit. Alles passte irgendwie zusammen.
So saß ich wieder dort und er zeichnete auf meinem Rücken, bis es für mich perfekt war. Zum Termin für das Stechen wurde ich von einer Freundin begleitet. Es war kein trauriger Tag. Eigentlich war es lustig. Ich saß mit Mühe still, während meine Freundin sich amüsierte. Es war nicht spektakulär.

Ich ging nach dreieinhalb Stunden mit einem schmerzenden Rücken strahlend nach Hause. Ich wollte es nicht um es mir täglich anzusehen, um mich täglich zu erinnern oder um mich zu quälen. Die Gedanken und Erinnerungen an mein Kind verblassen auch ohne ein Tattoo nicht. Ich trage es mit Stolz, wenn auch nicht oft für andere sichtbar. Es macht mich glücklich zu wissen, dass es da ist. Vielleicht war es ein kleiner Befreiungsschlag, denn ich tat es ja, während ich mich beruflich wieder etablierte und keine Extrawürstchen mehr wollte. Ich wollte leben.

Mein Tattoo steht nicht einfach für den Tod meines Sohnes. Er kam in mein Leben gestolpert und zeigte mir, was wichtig ist. Ich habe viel von meinem Kind gelernt. Er hat mich verändert. Meinen Blick geschärft und mich gelehrt, mir und meinem Bauchgefühl zu trauen. Er hat mich gelehrt, mich über kleine Dinge zu freuen und anzunehmen was passiert. Er hat mir gezeigt, dass ein einziges Lächeln das Wertvollste ist, was man verschenken kann. Ich durfte Mutter sein. Auch wenn schlechte Tage kommen, auch wenn es immer noch wehtut. Es geht bergauf und jedes Loch wird weniger tief sein. Ist doch mal ein Tieferes dabei, lass ich den Kopf nicht hängen, stehe auf und klettere raus. Es lohnt sich. Denn das Leben ist zu schön und zu wertvoll.

Mit meinem Sohn im Herzen und auf der Haut bin ich aus jedem Loch geklettert und vielleicht werde ich auch noch in 50 Jahren ab und an klettern.

Dass Tattoo erinnert mich an meine neuen Prioritäten, an die Freude über kleine Dinge, ans Klettern und daran, dass es weitergehen muss und kann. Es zeigt einen neuen Lebensabschnitt, den ich nicht ohne ihn beginnen konnte und wollte.

Es steht für:
Schönheit, Aufbruch und Vergänglichkeit - für das Leben.

Tattoo by Wenco Kubis

Maria A.

Liam Sebastian Frank C.

*11.05.2012 +20.11.2013

Liam Sebastian Frank C. ist am 11.05.2012 in Brandenburg/Havel geboren. Am 20.11.2013 ist er nach langem Kampf im Alter von 18 Monaten, neun Tagen und fünf Stunden ruhig und friedlich in der Universitätsklinik in Greifswald eingeschlafen. Er hinterließ neben Eltern, Großeltern und Verwandten auch seine ältere Schwester, Lea Sophie C., sie war erst drei Jahre alt zu dieser Zeit.

Liam ist am 04.03.2013 an Krebs erkrankt, ein Tumor wuchs an seiner Nebenniere. Das Neuroblastom ist eine der am wenigsten erforschten Krebserkrankung bei Kindern. Leider wurde bei ihm ein aggressives Tumorgen festgestellt, welches die Therapie komplizierter machte. Bis zur fünften Chemotherapie verlief alles sehr gut, der Tumor ging zurück und wurde dann operativ entfernt. Doch plötzlich war der Tumor rezidiv und das noch schwerer. Es wurde mehrmals eine Therapieplanänderung vorgenommen. Am 13.11.2013 wurde er von Berlin nach Greifswald überführt. Dort wurden alle Untersuchungen noch einmal durchgeführt und am 15.11.2013 bekam er seine große Chance, das RIST-Protokoll. Diese spezielle Chemotherapie war eine große Hoffnung, doch nach weiteren Verschlechterungen seines Allgemeinzustandes wurde diese in kürzerer Zeit durchgeführt und dann beendet. Liam hat immer gekämpft doch der Tumor wuchs und so nahm das schreckliche Schicksal seinen Lauf. Am 20.11.2013 verstarb unser Sonnenschein abends um 23.05 Uhr an tumortoxischen Kreislaufversagen.

Mein Kind
Ich frage mich oft, wie kann das sein?
Mein Kind, das geht nun ganz allein!
Es reist nun in die Ferne,
hinauf zu 1000 Sterne!
Das Ungewisse tat so weh,
doch sagte ich: „Nimm deinen Mut und geh"
Der Abschied ist für alle schwer,
doch glaub mir, noch stell ich mich zur Wehr!
Dein Kampf wird nie vergessen sein,
denn da ist die Erinnerung, sie bleibt für immer mein.
Mit deiner Kraft hast du gezeigt wie glücklich du gewesen bist.
Die ganze Welt, die liebt dich nun, ich kämpf' gegen diesen Mist.
Von oben herab schaust du uns zu,
und leuchtest unsern Weg, ja du!
Du bist der Kleinste von uns allen,
du ließt dir trotzdem nichts gefallen.
Zum Schluss hast du es allen gezeigt,
nun warst du für den letzten Schritt bereit!
Du nahmst die Kraft noch einmal zusammen,
das Letzte war, du bist gegangen!

19.12.2013

Nun tragen wir ihn in unseren Herzen und bewahren jede Erinnerung auf. Liam ist unser heller Stern am Himmel. Seine Schwester redet sehr viel über ihn.

Mein Herz schmerzt bei dem Gedanken und mein größter Wunsch war es, meinen Sohn auf meiner Haut zu tragen. So begann ich zu planen, viele Tattoos kamen mir in den Sinn. Ich habe begonnen mir das erste Tattoo stechen zu lassen. Liam soll durch uns weiter leben und ich möchte das Schweigen in meinem Umfeld brechen, indem ich offen auf meiner Haut das Schicksal zeige. Am linken Unterarm habe ich mir eine Sternschnuppe stechen lassen. Diese besitzt aber noch einen zweiten Stern. In dem Schweif dieser Sternenschnuppe stehen das Geburtsdatum meiner Tochter und das Geburtsdatum sowie das Sterbedatum meines Sohnes.

Was auffällig ist, ist, dass ein Stern ausgefüllt ist und einer nicht. Dieses war so gedacht, der ausgefüllte Stern steht für Liam und der andere für Lea. Viele Fragen warum ich das so machen ließ, es steht für die Bedeutung meines Lebens. Liam hat die Augen für immer geschlossen und somit ist sein Licht verdunkelt und Lea hält ihre Augen auf Erden auf. Dieses Tattoo war mein größter Traum, den ich mir erfüllt habe. Die Suche nach einem Tätowierer stellte sich als sehr schwierig heraus. Das beste Tattoo-Studio hier im Ort wollte mir dieses nicht stechen. Sie tätowieren keine Sterne am Handgelenk, doch ich wollte genau das und kein anderes. Doch dann fand ich durch einen guten Freund einen Tätowierer (www.by-cansas.de) in Berlin. Er stach mir das Tattoo, wie ich es ihm vorgab und ich verließ sein Studio glücklich und zufrieden. So trage ich meinen kleinen Kämpfer nicht nur im Herzen, sondern auch auf meiner Haut und es werden noch welche folgen, denn er hat mich zum glücklichsten Menschen gemacht. „Dieser kleine Sonnenschein Liam hat unser Leben, auch wenn seines nur so kurz war, mit viel Liebe und Glück bereichert. Er hat uns gezeigt, wie wertvoll das Leben ist." (Auszug aus der von mir geschriebenen Trauerrede zu seiner Beerdigung).

Im Herzen und in Erinnerung an vergangene Zeiten lebt Liam weiter. Dank unserer Liebe und der Erinnerungen in vielen Herzen schaffen wir das Schöne zu bewahren und schauen gern auf unsere Zeit mit Liam zurück. Jeder Tag war ein Geschenk, jede Minute bleibt Erinnerung.

Kati C.

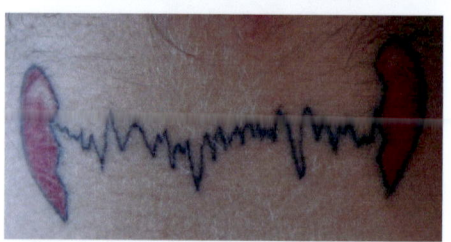

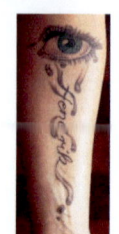

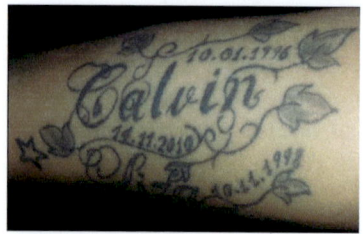

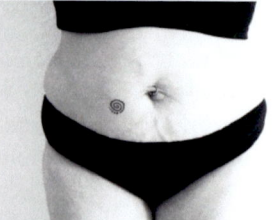

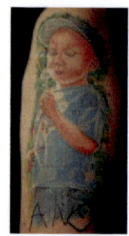

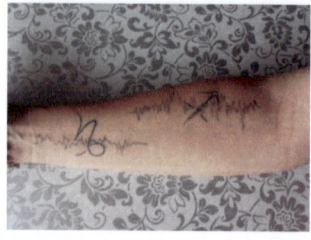

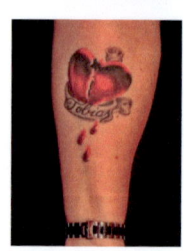

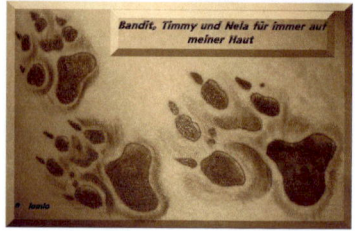

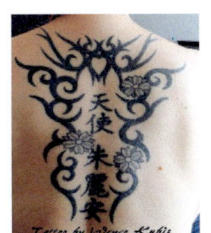
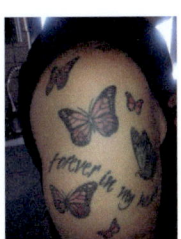
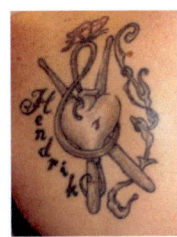

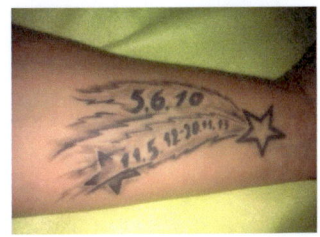
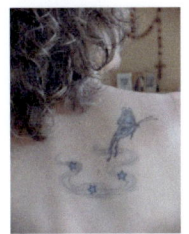
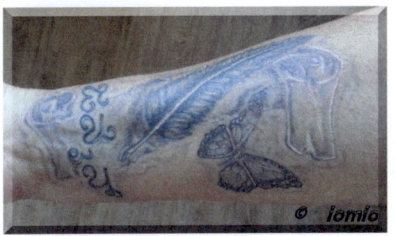
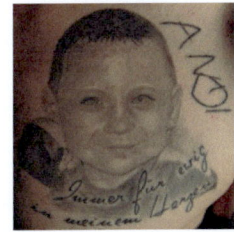

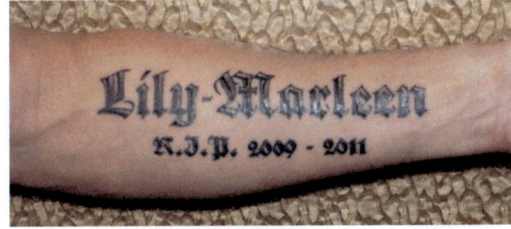
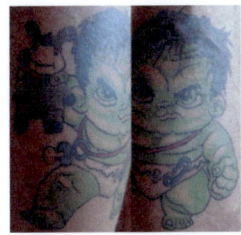

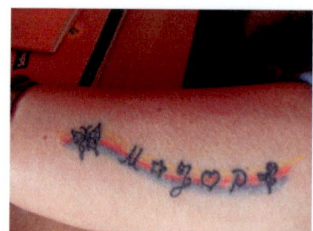
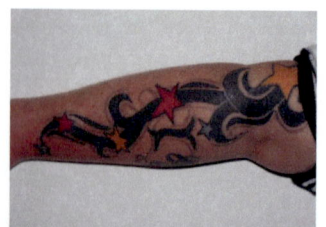
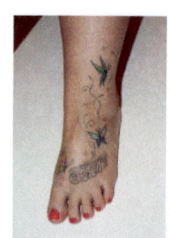

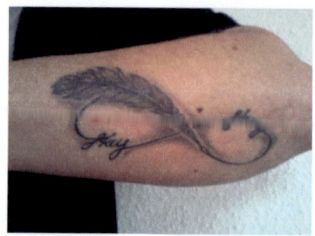
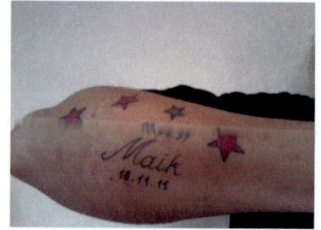
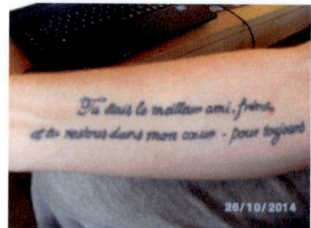
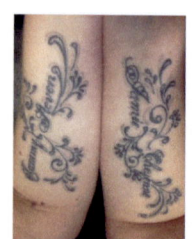

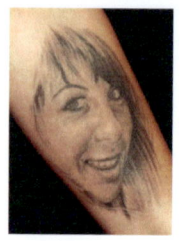
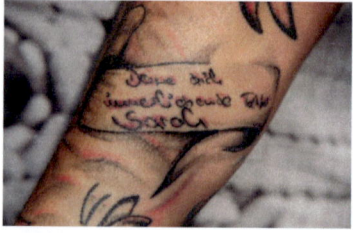

Tattoo by Chris Pohlenz

Tattoo by Chris Pohlenz

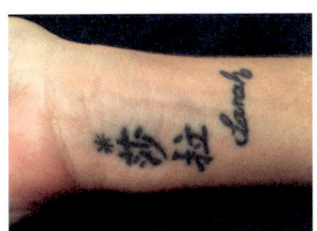
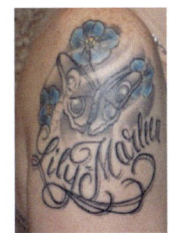

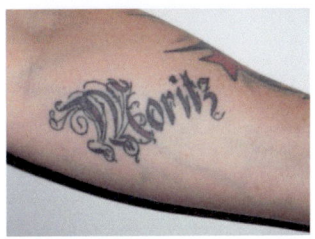

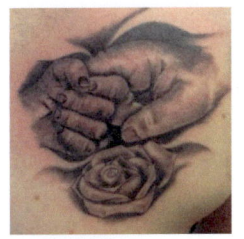

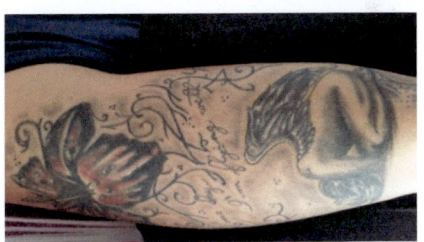

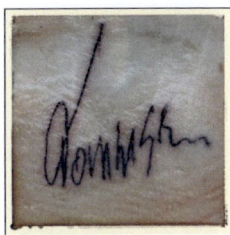

Lily-Marleen D.
*20.02.2009 +31.10.2011

Diagnose: Morbus Pompe

Gleich zu Anfang möchte ich hervorheben, dass ich mich nicht unbedingt zu den gläubigen Menschen zähle. Ich bin konfessionslos aufgewachsen und bis zu meiner Jugend in keiner Weise mit Religion in Berührung gekommen. Andererseits gab es schon einen vagen Gott, dieser war allerdings nicht definierbar, nicht greifbar. Wichtig wurde er, wenn ich beispielsweise mit der Angst vor schlechten Noten oder mit der Erfüllung sehnlichst herbei gewünschter Geschenke konfrontiert wurde. Dann sprach ich innerlich Worte wie: Lieber Gott, bitte lass mich diese oder jene Prüfung nicht vermasselt haben.

Durch die Geburt unserer Tochter Lily-Marleen fing ich an, vermehrt an etwas glauben zu wollen und innerlich nach Hilfe zu suchen, zu beten, dass alles gut wird, mich bei Ihm zu entschuldigen, dass ich zwar immer wusste, dass er da war, aber nicht wirklich an ihn geglaubt hatte.

Heute weiß ich noch immer nicht, ob ich an Gott glauben kann, oder nicht! Vermutlich suche ich nach erklärbaren Gründen für unser Schicksal. Ich versuche zu verstehen, was ich noch lernen muss. Habe ich etwas in meinem bisherigen Leben nicht begriffen? Gefielen Gott mein Lebensweg und meine Planung nicht? Wieso darf „Er", über Leben und Tod entscheiden? Und was hat Lily-Marleen verbrochen, dass sie nur zarte zwei Jahre und acht Monate bei uns verweilen durfte?

Es grenzte schon an ein Wunder, als ich nach zwei Jahren erfolglosem Probieren endlich schwanger wurde. In uns lebte der unbändige Wunsch, ein Mädchen zu bekommen. Das wäre das perfekte Glück für uns gewesen. Mein Mann Ronny und ich, hatten schon jeweils einen Jungen aus unseren vorherigen Beziehungen. Zum Ende der Schwangerschaft hin konnten wir unser Glück kaum fassen, als es hieß: Es wird ein Mädchen. Und ein für uns wunderschöner Name war schnell gefunden:
Lily-Marleen.

Heute weiß ich: Das war der beste Name für unsere Tochter. Und gleichfalls drängt sich mir das Gefühl auf, dass dieser besondere Name zugleich das Schicksal eines besonderen Kindes beinhaltete.

Nach einer nicht ganz einfachen Schwangerschaft und immer wiederkehrenden Gedanken, dass etwas mit Lily-Marleen nicht stimmen könnte, erblickte unsere Tochter am 20.02.2009 um 7.50 Uhr das Licht der Welt. Die Geburt war leider ein großes Risiko, und es grenzte an ein Wunder, dass Lily-Marleen diese überhaupt überlebte. Die Entbindung war teilweise schwierig verlaufen und mit unangenehmen Komplikationen verbunden. Lily-Marleen vermochte nicht richtig in den Geburtskanal vorzudringen und befand sich deshalb viel zu weit oben. Darüber hinaus konnten zweimal ihre Herztöne nicht aufgefunden werden. Man versuchte ihrem Kopf Blut zu entnehmen, vermutlich um den Sauerstoffgehalt zu messen. Durch den zusätzlichen Einsatz eines Wehenmittels gelang es uns dann in letzter Minute, Lily-Marleen auf natürlichem Wege auf die Welt zu bringen.

Unmittelbar nach der Geburt fiel ein blass-graues Nasendreieck bei ihr auf, welches man zunächst auf die schwere Entbindung zurückführte. Da sie gleichfalls sehr unterkühlt war, kam sie anfänglich in den Inkubator. Und da sich leider Gottes ihr Gesundheitszustand innerhalb der ersten Stunde nicht positiv legen wollte, musste sie auf die Kinderstation. Wir verbrachten mit ihr gemeinsam eine Woche dort und ihr Zustand änderte sich nicht! Probleme waren unter anderem: Herzrhythmusstörungen, Wasser - hauptsächlich in den Beinen -, das blass-graue Nasendreieck und Myoklonien - starkes Muskelzucken und Schmerzen in den Beinen. Die Ärzte waren außerstande, all das einer Krankheit zuzuordnen.

In dieser Zeit bestimmten Angst, Wut, Hilflosigkeit und Sorgen unser Leben. Angst, weil wir wussten, dass etwas mit ihr nicht stimmte. Wut, nicht zu wissen, was wir falsch gemacht hatten. Hilflosigkeit, weil die Ärzte keine Idee hatten, was ihr fehlte. Und Sorgen, weil wir nicht wussten, wohin die Reise gehen und wo sie enden würde. Die überforderten Ärzte suchten letztendlich Hilfe bei einer weiteren Klinik, die auf Stoffwechselerkrankungen spezialisiert war. Somit wurden wir nach dieser ersten Woche für eine weitere Zeit in das neue Krankenhaus verlegt. Zu diesem Zeitpunkt waren wir psychisch stark angeschlagen. Wir konnten nicht damit umgehen, nicht zu wissen, was sie hatte. Und gesagt zu bekommen, dass es etwas sehr Seltenes ist, war äußerst schwer für uns.

Im neuen Krankenhaus angekommen, wurde Lily-Marleen dann erst einmal komplett durchgecheckt. Sie befand sich in der Obhut sehr kompetenter Ärzte. Unter anderem wurde auch ihr Herz untersucht. Und der verantwortliche Arzt stellte schlussendlich eine Verdachtsdiagnose: Morbus Pompe. Diese Vermutung wurde per Gentest bestätigt.

Bei dieser seltenen Krankheit kann der Körper das eigenproduzierte Glykogen nicht abbauen. Somit wird das Glykogen gespeichert. Und das wiederum zerstört alle Muskelzellen. Hinzu kam, dass Lily-Marleen die sogenannte infantile Form hatte - die schwerste aller Formen. Wir wurden dann in einem anschließenden Gespräch über die Krankheit aufgeklärt. Aktueller medizinischer Stand zu diesem Zeitpunkt war, dass es seit zwei Jahren eine Therapieform gäbe - die sogenannte Enzymersatztherapie. Diese müsse alle vierzehn Tage per Infusion und über einen Zeitraum von vier Stunden verabreicht werden. Da es sich bei Lily-Marleen um eine sehr seltene Stoffwechselerkrankung handelte, lagen noch keine wirklich fundierten wissenschaftlichen Erkenntnisse über die Wirksamkeit dieser Therapieform vor.

Vor der Enzymersatztherapie hatten Kinder selten das erste Lebensjahr erreicht. Somit standen wir an einem Punkt, der zugleich Ängste und Hoffnungen beinhaltete. Da keine wirklich greifbaren Daten vorlagen, konnte man uns von Anfang an keine wirklichen Hoffnungen machen. Wir wurden in Berlin betreut. Das älteste Kind dort war ein Jahr alt. Insgesamt gab es vier Kinder mit der Diagnose Morbus Pompe in Berlin!

Dass wir die Diagnose schon nach zwei Wochen in den Händen hielten, war ein Glücksfall. Normalerweise werden Kinder mit dieser Krankheit frühestens nach drei Monaten auffällig. Für Ronny und mich war es einfach nur eine schreckliche und ausweglos niederschmetternde Diagnose.

Wir trafen auf Menschen mit der Aussage: „Dass nur die Eltern solch ‚besondere' Kinder bekämen, die stark genug dafür wären." Und bei uns hatten diese Menschen das Gefühl, dass wir das schaffen werden. Wären wir dann ohne Lily-Marleens Krankheit keine starke und glückliche Familie gewesen? Waren wir zu egoistisch, weil wir uns unbedingt ein Mädchen wünschten und nicht einfach nur sagen konnten: Hauptsache gesund? Es war einfach nur unerträglich für uns, jeden einzelnen Tag mit der Gewissheit leben zu müssen, nicht zu wissen, wie viel Zeit uns mit Lily-Marleen bleibt. Ständig mit dem sicheren Gefühl und der resultierenden Angst zu leben, dass wir sie verlieren werden! Was uns zu diesem Zeitpunkt nicht wirklich bewusst war, war die Tatsache, dass alles im menschlichen Körper ausschließlich mithilfe der Muskeln funktioniert.

Zu jenem Zeitpunkt war für uns die Therapie noch recht vielversprechend. Man klammert sich ja an jeden Strohhalm, den man finden kann. Wie soll man nur damit umgehen, gesagt zu bekommen, man wisse nicht, ob die Therapie anschlägt, geschweige denn, ob sie überhaupt etwas nützt? Für uns war es dennoch die einzig gebliebene Hoffnung. Und wir fuhren alle vierzehn Tage ins Klinikum, wenngleich ich es nicht aushalten konnte, mit anzusehen, wie sie meiner kleinen hilflosen Tochter den Zugang in den Kopf legten. Wie es von Mal zu Mal schwieriger wurde, weil sich Lily-Marleen unsagbar dagegen wehrte. Es war eine Tortur, dass wir einerseits stark sein mussten, um bei ihr bleiben zu dürfen, und dass wir andererseits Rotz und Wasser heulten, weil man sie festhalten musste. Dass die Infusion endlose vier Stunden dauerte, in denen es eine schiere Katastrophe war, sie zu füttern, zu wickeln und aufzupassen, dass sie sich nicht die Kanüle aus ihrem Köpfchen riss.

All dies hatte Lily-Marleen über sich ergehen lassen müssen. Sie ist für uns das tapferste liebenswerteste Mädchen, welches wir je kennenlernen durften. Auch lernten wir andere sensible, nette und kompetente Menschen kennen, die ihr die schönsten Kosenamen gaben. Im SPZ wurde sie Tausendschön genannt, in der Physiotherapie dann Pippi Lotta. Es war schön zu wissen, dass sich Lily-Marleen in die Herzen ihrer Mitmenschen schmuggelte.

Dann spürten wir große Hoffnung, da die Enzymersatztherapie offensichtlich anschlug. Ihr Herzchen erholte sich. Sie lernte sitzen, stehen und laufen. All dies grenzte an ein Wunder. Wir waren stolz. Du gabst uns Kraft und Hoffnung, aber wir verloren nie die Angst.

Unzählige Therapien begleiteten uns die Woche über - Frühförderung, Physiotherapie, Logopädie und die Enzymersatztherapie. Und es gab kaum verwertbare Informationen über die Krankheit, weder übers Internet noch in Büchern. Rein gar nichts! Es gab keine öffentlichen Statistiken. Nur endlose Gespräche mit unserer Stoffwechsel-Ärztin. Und diese waren immer wieder nichtssagend oder schlichtweg niederschmetternd. Dann besuchten wir eine Glykogenose-Selbsthilfegruppe. Als Lily-Marleen neun Monate alt war, fand ein erstes Treffen mit ihr statt, und wir erfuhren zum ersten Mal von Statistiken. Diese beinhalteten Daten über die Wirksamkeit der Enzymersatztherapie. Das war einfach nur niederschmetternd. Auffällig war, dass circa zwanzig Kinder in einem Zeitraum von drei Jahren beobachtet wurden. Und am Ende der Zeit waren es nur noch zwei Kinder.

Zu diesem Zeitpunkt waren wir stolz auf Lily-Marleen, da sie sich so super entwickelte. Wir hatten Hoffnung, dass sie ein Kind ist, das es schafft. Da bei Lily-Marleen die Krankheit so rechtzeitig erkannt wurde, zählte sie mit zu den wenigen Kindern, die schon so früh eine Enzymersatztherapie bekamen.

Lily-Marleen hatte für ihr Leben gern gegessen. Warum hatte sie nicht das Geschenk bekommen, dies auch in vollen Zügen tun zu können? Stattdessen kämpften wir mit einer Schluckstorung und einer schwachen Kaumuskulatur. Alles was Kinder gerne naschen, blieb ihr verwehrt. Sie lernte nie ein Bonbon kennen, oder herzhaft in ein Brötchen zu beißen und einfach nur drauf los zu essen, ohne dass wir es in Ministücke hätten schneiden oder gar pürieren müssen.

Als Lily-Marleen anderthalb Jahre alt war, bekamen wir den symbolischen Tritt. Sie fing an, auf die Enzymersatztherapie allergisch zu reagieren. Von da an hieß es, neun Stunden an der Infusion zu sitzen! Sie reagierte mit Erbrechen und Atemnot. Es war unbeschreiblich grausam mitzuerleben, wie unsäglich sie litt. Ab diesem Zeitpunkt wurden wir für die Therapie immer stationär aufgenommen. Sie bekam fünf verschiedene Medikamente, um die allergischen Reaktionen zu minimieren. Von da an hieß es auch mit Infektionen zu kämpfen. Ein einfacher Schnupfen endete mit einer Lungenentzündung, Beatmung und Krankenhausaufenthalten. Sie verlernte und verlor dadurch das Laufen und Stehen. Sie verlor immer mehr an Kraft. Die Dosis der Enzymersatztherapie wurde erhöht, mit der gleichzeitigen Gefahr, dass je mehr sie an Infusionen bekam, umso schneller ihr Körper diese nicht mehr annehmen kann und eine Resistenz entwickelt. Aber wie hätten wir uns entscheiden sollen? Wir hingen ja von Anfang an in dieser „Studie" mit drin. Heute weiß ich, dass unsere Tochter bereits schon da anfing, resistent zu werden. Ihr Körper wurde immer schwächer, und wir fanden uns in Arztgesprächen wieder, in denen uns klar mitgeteilt wurde, dass nicht ihr Herz das Problem war, sondern ihre Atmung. Stück für Stück erfuhren wir, dass Kinder, denen es zweieinhalb Jahre lang gut ging, ganz plötzlich und schnell verstarben!

Jetzt, mit einem Male, gab es Erfahrungsberichte, die wir einerseits wissen und andererseits dann doch nicht wissen wollten. Wir taten alles für sie, was uns nur möglich war. Sie lachte viel, obwohl sie so viel ertragen musste. Wir schliefen wenig, da sie nachts umgelagert werden musste. Was störte uns ein Schlaf im 20-Minuten-Takt! Heute kann man über vieles lächeln, was uns die Krankheit an Schwierigkeiten beschert hatte, weil wir letztendlich unsere Tochter in den Armen halten durfte. Wir hatten Menschen um uns herum, die uns immer zur Seite standen.

Am 25.10.2011 war Lily-Marleen sehr schlapp. Ein Infekt war im Anmarsch. Aufgrund vorheriger Erfahrungen und Empfehlungen machten wir uns auf die Suche nach einem Kinderarzt, der an diesem Tag geöffnet hatte. Es ging in erster Linie darum, sie abzuhören und Antibiotika verschrieben zu bekommen. Nach langem Suchen fanden wir endlich einen Arzt und gingen am späten Nachmittag zu ihm. Die Lunge war frei. Zur Bettgehzeit hin verabreichten wir ihr das Antibiotikum. Dieses erbrach sie sofort wieder. Als ich sie ins Bett legte, fiel mir ihre schnelle Atmung auf. Sie schlief trotzdem ein. Aber ihre Kurzatmigkeit verschwand nicht. Das bereitete uns richtig Sorgen. Wie immer, wachte sie nach zwanzig Minuten wieder auf, und da sie nach wie vor kurzatmig war, riefen wir den Notarzt. Sie war während der gesamten Zeit sehr ruhig. Das Oximeter zeigte 86% Sauerstoffgehalt. Wir klärten die Notärzte über ihre Krankheit auf, und dass es wichtig

sei, dass sie Lily-Marleen in das Krankenhaus brachten, welches uns betreu-
te. Dieses lag fünfundvierzig Kilometer entfernt.

Nach telefonischer Absprache mit dem Krankenhaus, fuhren sie uns dorthin. Wir konnten leider nicht beide mitfahren, da wir noch unsere Söhne
Adrian (dreizehn Jahre) und Toni (acht Monate) im Haus hatten. Und da
ich fand, dass Ronny in solchen Situationen am besten reagierte und ich
eher panisch, fuhr Papa mit.

Auf dem Weg zum Krankenwagen sagte sie zum letzten Mal Mama zu mir!
Das war eine Situation, mit der ich noch heute nicht umgehen kann und mir
sofort Tränen in die Augen treibt. Im Krankenhaus angekommen, war sie
nach wie vor sehr ruhig, aber anwesend. Der Sauerstoffgehalt betrug zu
diesem Zeitpunkt nur noch 59%. Sie musste sofort auf die Intensivstation
und wurde unter Beruhigungsmittel gesetzt und mit einer Full-Face-Maske
beatmet. Das waren die letzten Momente, die Lily-Marleen noch bewusst
miterlebt hatte.

In den folgenden sechs Tagen hatten wir alles durchlebt, was man an Gefühlen durchleben kann. Hoffnung auf ein Wunder!!! Schwierige Entscheidungen treffen müssen. Und der Versuch loszulassen. Das Leben zwang
Ronny und mich die Entscheidung zu treffen, Lily-Marleen entweder ihren
Weg gehen zu lassen, oder sie mit allen Mitteln festzuhalten und künstlich
am Leben zu erhalten. Bis heute verstehe ich nicht, warum wir Eltern überhaupt solche schwerwiegenden Entscheidungen treffen müssen. Natürlich
kann dies kein anderer für uns übernehmen, aber können wir Eltern diese
Entscheidung überhaupt ein Leben lang psychisch (er)tragen?

Vier Tage haben wir zu dritt in ihrem Krankenhausbettchen gelegen, Tag
und Nacht. Nur die notdürftigsten Dinge haben wir für uns gemacht. Und
obwohl es die schlimmsten Tage unseres Lebens waren, haben wir, so gut
wir konnten, Lily-Marleen auf ihrem Weg begleitet, und versucht, ihr den
Mut zu geben, ihren Weg weiter zu gehen. Wir hatten einfach nur so verdammt große Angst, sie gehen zu lassen. Ronny sang ihr immer das Lied
La-Le-Lu vor, was uns bis heute schwerfällt, überhaupt noch einmal zu
singen. Was heute auch nicht aus dem Kopf geht, dass meine Schwiegereltern mit Toni vorbei kamen. Da sie sich auch noch von Lily-Marleen verabschieden wollten. Da sie Toni betreuten trafen wir uns im Aufenthaltsraum.
Ronny und ich wechselten uns dann ab, um Toni zu sehen. Was unbe-

schreiblich ist, ist der Gegensatz, den man dabei verspürte. In einem Raum ist das pure Leben und im anderen Raum steht der Kampf mit dem Tod. Viele sind gekommen und haben sich von ihr verabschiedet. Ganz besonders gestützt haben uns in dieser Zeit meine Schwiegereltern. Ich habe das Glück zwei Schwiegereltern-Paare zu haben. Die einen kümmerten sich liebevoll um Toni. Die anderen haben mit uns drei Tage im Krankenhaus verbracht - Tag und Nacht - und Lily-Marleen auch auf ihren letzten Weg mit begleitet. Für so tolle Menschen kann man einfach nur den größten Dank empfinden.

Ronny hat Lily-Marleen als erstes nach der Geburt in den Arm gelegt bekommen und in meinen Armen hat sie ihre letzte Reise angetreten.

Als sie von uns gegangen war, hatte ich nichts mehr gefühlt. Ich war so ohnmächtig, dass es mir nicht einmal möglich war zu weinen. Ich weiß nicht, was der Körper in diesem Moment an Hormonen ausschüttet. Man macht alles nur noch automatisch. Das, was man nicht versteht ist, dass sich die Welt einfach weiterdreht. Warum hält sie nicht einfach an? Warum leben die Menschen einfach weiter und das, obwohl ein Kind gegangen ist? Ich bin froh, auch einen so tollen Mann an der Seite zu haben. Mit ihm und durch ihn hatte ich die Kraft, Lily-Marleen danach noch für ihr letztes Bettchen fertig zu machen.

Das Gefühl, welches einen dann lange begleitet, war für mich sehr lange nicht beschreibbar. Wenn einem die Gedanken hochschießen, ist es, als ob man einen riesigen Schreck bekommt. Und dieses unangenehme Gefühl danach, das einem die Luft abschnürt und einen Kloß im Hals wachsen lässt. Auch für mich gab es dann den Punkt, an dem ich mich fragen musste, wie es jetzt weitergeht. Was für Möglichkeiten gab es? Für mich gab es nur zwei: Ihr hinterher zu gehen hätte ich nicht geschafft, da ich noch Adrian und Toni hatte, die mich brauchten. Also hieß es: Ich muss da durch, egal wie groß der Schmerz und Wunsch, ihr zu folgen, auch war.

Es gab also nur zwei Alternativen. Erstens: Mich in die Ecke zu verkriechen und nie wieder hervorzukommen und somit auch nicht mehr wirklich zu leben. Ich konnte mir eh nicht mehr vorstellen, im Leben fröhlich zu werden. Kann man überhaupt je wieder lachen? Und wenn man dann doch lacht, stellt sich dann nicht einem das Gewissen in den Weg? Zweitens: Sich zu erheben und weiter zu machen, so unmöglich es auch zu sein scheint!

Sich erheben, auch wenn man am Anfang das Gefühl hat, das man doch eh nur wie eine Maschine „funktioniert". Weitermachen und das Los, dass es sehr lange dauern wird, bis man nicht jeden Tag unendlich viele Tränen vergießt, annehmen. Sich erheben, auch wenn man nicht daran glaubt, ins Bett gehen zu können, ohne gleich Lily-Marleen vor Augen zu haben.

Das erste Jahr sind wir jeden Tag bei Wind und Wetter zu ihr ans Grab gegangen. Vielleicht trieb uns das Gefühl an, nur so können wir bei ihr sein. Nur so können wir ihr zeigen, dass wir immer bei ihr sind. Man versucht etwas zu schaffen, das zeigt, wie sehr wir sie lieben und vermissen. Man hofft, dass es dann doch einen Himmel gibt und sie wirklich hinunterschaut. Man ist auf der Suche nach der Wahrheit - die Wahrheit, ob es ein Leben nach dem Tod gibt. Mit der Zeit verändert sich dann der Ausdruck der Trauer. Es kommt der Punkt, an dem man versucht, sein Kind in allem lebendig zu erhalten. Vielleicht hat man Angst vor dem eigenen Vergessen. Vielleicht aber auch nur, dass sie für die anderen in Vergessenheit gerät. Man überlegt also, was man für Lily-Marleen und für sich selber tun kann.

Ich habe damals angefangen, eine Homepage zu gestalten und sie im Online-Friedhof einzupflegen. Und dann kam mit einem Male die Idee mit dem Tattoo. Es hat aber noch zweieinhalb weitere Jahre gedauert, bis ich mich endlich getraut hatte, es machen zu lassen. Am längsten hat es gedauert, ein Motiv zu finden. Am Anfang dachte ich an ein Porträt. Ein Tätowierer war schnell gefunden - auf Empfehlung von Freunden, der sich das auch zutraute. Als schwierig erwies es sich, ein geeignetes Foto zu finden. Aufgrund Lily-Marleens fast fehlender Mimik kam keines in Frage. Auch wurde mir von einem Porträt generell abgeraten, da es schwierig sei, Kinder gut zu porträtieren, da sie noch zu wenige Unebenheiten, Falten oder sonstige markante Züge hätten. Daraufhin hatte ich mir das Ganze noch einmal überlegt und letztendlich davon Abstand genommen.

Was gab es nun für Alternativen? Ich dachte an einen Engel. Im Netz kann man schnell alle möglichen Engelmotive finden. Aber irgendwie hatte mich nie wirklich einer angesprochen. Ich dachte auch schon über Veränderungen nach, um ein Engelmotiv Lily-Marleen ähnlich zu machen.

Mein zweiter Gedanke war ein Schmetterling mit einem Vergissmeinnicht - die ich so liebe. Jedes Vergissmeinnicht steht für ein Himmelskind, daher sind es drei geworden. Der Schmetterling steht spirituell für ein Krafttier und besagt, dass die Zeit des Wartens und der Prüfung vorbei ist. Man soll das Vergangene ruhen lassen und sich der Verwandlung hingeben und sie auch zulassen. Genauso verhält es sich auch in der Trauerarbeit, wenn man sich für das eigene Leben entscheidet. Man sollte das Leben so nehmen, wie es ist, aber ohne zu vergessen. Der Schmetterling soll einen sicher zum Ziel begleiten. Man kann ihn auch als Symbol für den Neubeginn sehen. Er ist ein Krafttier. Und genau das ist es, was wir auf dem Weg der Trauerbewältigung benötigen - Kraft. Im Allgemeinen gilt der Schmetterling als ein Sinnbild für die Unsterblichkeit und die Wiedergeburt. Er ist das Symbol der Auferstehung. Im antiken Griechenland wurden Schmetterlinge als die Seelen der Toten verstanden. Die Seele kann sich von ihrer Hülle entfernen und sich frei in die Höhe erheben und sich damit vom Tod erlösen.

Somit stand mein Motiv fest. Auch heute noch kann ich mir ein kaum treffenderes Motiv vorstellen. Viele Menschen glauben daran, dass wenn sie einen Schmetterling sehen ein Verstorbener vorbeischaut. Ich kann das für mich so noch nicht sehen. Ich hoffe aber, eines Tages auch diesen Blick zu bekommen. Ich hoffe, irgendwann auf den Weg zu kommen, an etwas zu glauben, das mir hilft, einen Weg zu finden, zu verstehen, dass der Tod nicht etwas Endgültiges ist; einen Weg zu finden, daran zu glauben, dass Lily-Marleen und ich uns irgendwann wiedersehen werden.

Wichtig war mir, dass es erkennbar wird, dass der Schmetterling gen Himmel fliegt. Mit meinen Ideen im Kopf bin ich dann zum Tätowierer, der daraus eine Vorlage zeichnete, die ich erst am Tag des Tätowierens zu sehen bekam. Man hat ja so seine eigenen Vorstellungen im Kopf, allerdings konnte ich diese zeichnerisch nicht umsetzen, und da mir die Vorlage des Tätowierers auf Anhieb gefiel, ließ ich mich darauf ein. Natürlich ist das Tätowieren nicht schmerzfrei und es gab auch Momente, die sehr grenzwertig waren, aber der Stolz, es trotzdem zu machen, gab mir die Kraft es auszuhalten. Der Schmerz war im Vergleich zu den Schmerzen, die Lily-Marleen und wir durchgemacht hatten, ein erträglicher gewesen.

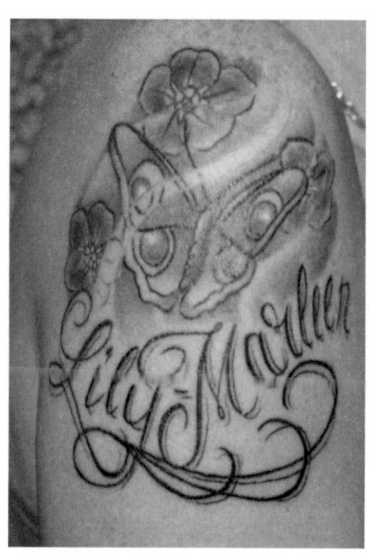

Ich bin froh, Lily-Marleen in Form dieses Tattoos auf meiner Haut tragen zu können. Auch Ronny hat sich für ein Tattoo entschieden. Ihm war es allerdings wichtig, nicht mit Symbolen zu arbeiten. Er bevorzugt mehr Klarheit und entschied sich daher für einen Schriftzug.

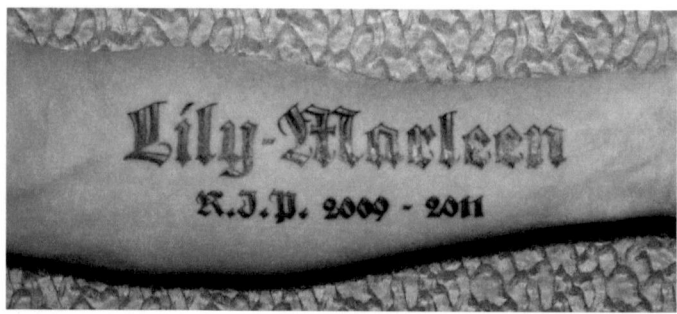

Wir sind dankbar für die Zeit, die wir mit Lily-Marleen erleben durften. Wir werden sie niemals im Leben loslassen. Sie wird immer einen Platz in unserem Herzen haben. Ein lieben Dank an alle, die uns auf unserem Weg zur Seite stehen. Ihren Brüdern, denen sie unendlich fehlt: Adrian Heck, Toni Charlie, Justin.

Jeannette D.

116

Maik P.
*08.05.1991+18.11.2011

Als ich am 18.11.2011 die Tür zu deiner Wohnung aufschloss, hatte ich so ein komisches Gefühl. Um 19.20 Uhr hat sich dann innerhalb einer Sekunde mein ganzes Leben verändert und es ist mir seitdem auch nicht mehr so viel wert. Auch jetzt, nach fast drei Jahren, kommt es mir noch vor wie gestern.

Maik wurde am 08.05.1991 als drittes von vier Kindern geboren. Damals war ich einfach nur happy. Er war ein zufriedenes Baby und lachte immer viel. Ich merkte allerdings ziemlich schnell, dass er irgendwie anders war als seine Geschwister. Ein Energiebündel mit außerordentlichem Bewegungsdrang, außerdem benötigte er kaum Schlaf. Als er sechs Jahre alt war, kam nach einigen Tests und Untersuchungen dann raus: Maik hatte ADHS und einen ziemlich hohen IQ. Beides zusammen war nicht gerade vorteilhaft und machte ihm viele Probleme, auch in der Schule. Es war eine anstrengende Zeit, aber wir haben alles irgendwie gemeistert. Seine Kindheit bestand aus Höhen und Tiefen, vieles in unserem Alltag drehte sich nur um ihn.

Als Maik in die Pubertät kam, wurde es anders. Aus einem Kind, das keine Grenzen kannte, wurde ein zurückhaltender, sensibler Junge und er schaffte auch einen guten Schulabschluss. Ich weiß nicht warum, aber kurz danach veränderte er sich total. Mit 18 Jahren erkrankte Maik an Depressionen und er zog sich immer mehr zurück.

Während einer stationären Therapie im Jahr 2011 beschloss er plötzlich von zu Hause auszuziehen um „neu durchzustarten" wie er es nannte. Mir war bei diesem Gedanken gar nicht wohl, aber er ließ sich nicht aufhalten und ist im November in seine eigene Wohnung gezogen. Anfangs blühte Maik richtig auf, war total motiviert und stolz. Ich glaubte dann auch, dass ihm das alles gut tat. Leider kam es aber ganz anders ...

Am 15.11.2011 haben wir uns getroffen. Dass es das letzte Mal sein sollte, wusste ich da noch nicht. Ich erinnere mich, dass ich damals ganz lange hinter dir hergeschaut habe, als du gingst. Warum? War das so etwas wie eine Vorahnung? Am 16.11. hast du bei deinen Brüdern vorbeigeschaut. Mich hast du an diesem Tag angerufen und gesagt, dass ich nicht ständig vorbeikommen soll. Das zu hören tat sehr weh, ich habe mir doch Sorgen gemacht. Auf deinem Handy habe ich später gesehen, dass du auch noch mit einer Freundin telefoniert hast. War das für dich so etwas wie ein Abschied? Am 18.11. bin ich trotzdem vorbeigekommen, weil du nicht ans Telefon gegangen bist. Das war ungewöhnlich. Du hast auch die Tür nicht aufgemacht, aber ich hatte einen Schlüssel. Und was ich dann sah, hat mir den Boden unter den Füßen weggezogen. Du konntest nicht mehr aufmachen. An diesem Tag hast du dich entschieden zu gehen.

Ein paar Wochen vorher sagtest du mal zu mir: „Keine Ahnung was mit mir los ist. Ich handle ohne zu denken ... wenn ich drüber nachdenke, bereue ich alles, aber meistens ist es dann zu spät." ... War das an diesem Tag auch so? Diese und viele andere Fragen stelle ich mir seitdem jeden Tag.

Die ersten Monate ohne Maik habe ich gar nichts wirklich realisiert. Ich existierte und funktionierte einfach. Arbeiten, weinen, essen, schlafen, das war alles in meinem Tagesablauf. Oft bin ich an sein Grab gegangen. Fast niemand außer mir hat sein Grab besucht.

Die Zeit verging und je mehr Zeit verging, desto mehr fehlte er mir auch.

Diese Sehnsucht und das Vermissen wurden immer schlimmer. Anscheinend war ich aber die Einzige, der es so ging. Während ich nun 24 Stunden täglich in Gedanken bei ihm war, hatten alle anderen ihn wohl schon vergessen. Zumindest kam es mir so vor. Es wurde kein Wort mehr über ihn gesprochen und bestimmt dachten alle, ich habe ihn auch schon vergessen. Alleine der Gedanke daran tat so weh, dass ich daran etwas ändern musste. Ja, Maik war anders, viele fanden ihn seltsam, aber wer ihn kannte, wusste auch, dass er toll und einzigartig war, mit vielen liebenswerten Eigenschaften.

Er gehört immer noch dazu! Niemals im Leben werde ich ihn vergessen!
Und dann hatte ich plötzlich die Idee, dass ich mir ein Tattoo stechen lasse.

Damit es auch jeder sehen kann, habe ich mich für eine Stelle am rechten Unterarm entschieden.

Zwei Wochen später war es schon soweit. Es war der 17.11.2013. Das Datum weiß ich noch genau, da am 18.11. der schlimmste Tag in meinem Leben ist. Ich bekam mein erstes Tattoo für dich!

Als Motiv habe ich für dich und deine Geschwister diese vier Sterne ausgewählt. Symbolisch gesehen steht ein Stern für jeden von euch, wobei die drei helleren Sterne für deine Schwester und deine beiden Brüder sind.

In sehr vielen Dingen hast du dich von ihnen unterschieden, nicht nur innerlich, auch äußerlich. Als einziger hattest du sehr dunkle Haare. Deine Lieblingsfarbe war schwarz. Du liebtest die dunkle Jahreszeit, den Winter. Du mochtest die Nacht, da warst du oft draußen unterwegs. Und dann kam auch noch diese Krankheit, sie hat es geschafft, dass du oft nur noch schwarz gesehen hast. Ich habe mich deshalb an dritter Stelle für einen dunkleren Stern entschieden. Dein Name steht darunter und deine Daten, dieser Stern ist nun für dich. Seine Farbe leuchtet nicht, aber jeder, der ihn sieht, wird sich jetzt an dich erinnern.

Lieber Maik,

du bist nun fort, bist nicht mehr da,
im Himmel leuchtet dein Stern jetzt ganz klar.
Du warst stets bereit für einen Scherz,
man sah ihn nicht, den tiefen Schmerz.
Du hast voll Zuversicht in die Zukunft geschaut,
ich habe auf deine Worte vertraut.
Du hast dich über nichts beklagt,
warum hast du nichts gesagt???
Du hast für immer einen Platz in meinem Herzen
… und nun auch auf meiner Haut.

Eigentlich hatte ich gar nicht vor mir ein weiteres Tattoo zu machen, aber ein paar Monate später sah ich ein Foto.

Vorher muss ich aber ganz kurz etwas erzählen:
Ich habe inzwischen viele Eltern kennengelernt, die auch mit diesem schrecklichen Verlust leben müssen und ihre Kinder verloren hatten. Einige von ihnen erzählten, dass sie von ihren Kindern als Zeichen der Nähe weiße Federn geschickt bekommen. Wie ich ja aber am Anfang schon geschrieben habe: Maik war anders. Ich habe von ihm bisher fast immer schwarze Federn geschickt bekommen.

Auf diesem Foto sah ich nun eine tätowierte schwarze Feder, die mich sofort an mein Kind erinnerte. Sie gefiel mir auf Anhieb so gut, dass ich gar

nicht lange überlegen musste. Am nächsten Tag machte ich sofort einen Termin beim Tätowierer. Am 07. 05. 2014 war es dann soweit. Das Datum weiß ich noch genau, da am 08. 05. Maiks Geburtstag ist.
Ich bekam mein zweites Tattoo für dich!

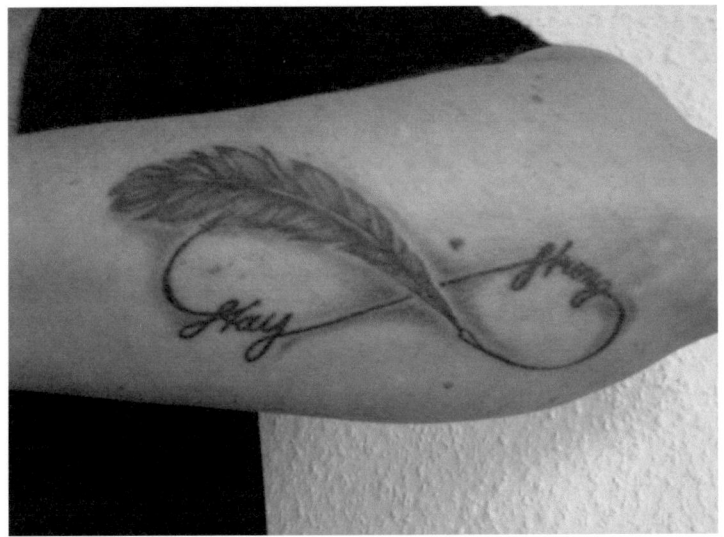

Als Motiv habe ich mir diesmal diese schwarze Feder ausgesucht, die du mir schon ein paar Mal geschickt hast. Sie verbindet sich mit einer Unendlichkeitsschleife, die symbolisiert, dass wir für immer miteinander verbunden sind. Nichts und niemand kann uns trennen. Dazwischen steht noch ein Schriftzug ... „stay strong"

Lieber Maik,

ich denke jeden Tag an dich und manchmal muss ich dabei sogar ein bisschen lächeln. Deinen ironischen Humor, deine Sprüche und dein schelmisches Grinsen, das habe ich so sehr an dir geliebt. Du hast alles so locker gesehen. Trotz einiger Probleme hatten wir immer wieder was zu lachen. In meinen Gedanken sehe ich das so oft vor mir. Vielleicht siehst du mich ja auch ... in diesem neuen, anderen Leben, das ohne dich einfach keinen Spaß mehr macht. Ich kann es mir gut vorstellen ... bestimmt würdest du jetzt einfach sagen: „stay strong - bleib stark". Ich versuche es jeden Tag, aber es gelingt mir nicht wirklich.

Ich bin unendlich traurig. Wie sehr du fehlst, kann ich mit Worten gar nicht beschreiben.

Danke, dass ich deine Mama sein durfte.

Viele Menschen können es nicht nachvollziehen oder schütteln einfach nur den Kopf darüber, dass man sich in meinem Alter noch Bilder auf sichtbare Körperstellen tätowiert. Aber mir ist es egal geworden, was andere Leute über mich denken. Meine Tattoos bedeuten mir sehr viel. Ich möchte damit zeigen, dass mein Kind mich durch den Rest meines Lebens begleiten wird. Ob noch welche dazukommen, weiß ich nicht. Vielleicht bekomme ich ja irgendwann wieder einen Wink des Himmels und habe eine neue Idee.

Vier Monate vor seinem Tod hat Maik dieses Bild gemalt. Ich weiß gar nicht was es darstellen soll, aber wenn ich es mir heute angucke, fällt mir auf, dass er eigentlich noch ein Kind war, obwohl er irgendwie so erwachsen wirkte.

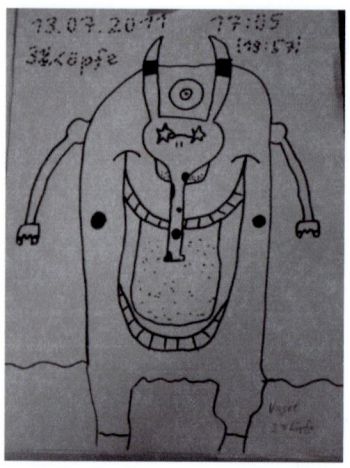

Als Tattoo würde es bestimmt wunderschön an mir aussehen.

Ich hab dich lieb.

Sabine P.

122

Marcel A.
*08.08.1978 +04.02.2009

Marcel, unser Löwe, kam am 08.08.1978, um 06.35 Uhr auf die Welt. Er war immer hungrig und total „falsch gepolt". Er machte den Tag zur Nacht und die Nacht zum Tag. Er war immer gut drauf, lachte viel. Maci war ein Sonnenstrahl in unserem Leben. Mit seinem Bruder, der 3,5 Jahre jünger ist, verlebte er eine sehr behütete Kindheit.

Durch eine Zufallsuntersuchung wurde am 7. Mai 1993 eine Leberzirrhose festgestellt. Er war doch erst 14 Jahre alt. Warum, weshalb, wusste niemand. Fest stand jedoch, ohne Transplantation hatte er keine große Lebenserwartung mehr. Nur eine Lebertransplantation könnte sein Leben retten. Ich lebte nur noch in Angst und Sorge um mein Kind. Ich fühlte mich so hilflos und allein. Würde es rechtzeitig einen Spender geben?

Als alle Untersuchungen abgeschlossen waren, legte man uns nahe, noch einmal gemeinsam zu verreisen. Wir bekamen einen strikten Plan, an den wir uns halten mussten, was Medikation, Essen und Trinken betraf. Wir fuhren mit dem Wohnmobil nach Italien, immer die Angst im Gepäck.

Mein Mann und ich hatten versucht, den Kindern einen unvergesslich schönen Urlaub zu gestalten. Nachts gab ich meiner Angst freien Raum, ich weinte und betete. Wir hatten trotz der psychischen Belastungen einen schönen Urlaub. Wir hielten ganz fest zusammen, nichts konnte uns trennen. Wir spürten, was wirklich im Leben zählt.

Zurück aus dem Urlaub mussten wir gleich wieder ins Krankenhaus.
Marcel wurde noch einmal durchgecheckt. Bei der Stiftung Eurotransplant war er ja bereits gemeldet. Nun hieß es warten. Wir erhielten einen „Pieper", der uns jetzt überall hin begleitete. Diesen nahm ich in meine Obhut und bewachte ihn Tag und Nacht. Es war schon ein sehr beängstigendes Gefühl. Was wird werden, wenn er piept. So vergingen Tage, Wochen und Monate. Keinen Schritt ohne dieses Gerät, ich war nur noch ein Nervenbündel, konnte kaum noch essen bzw. schlafen.

Am 10. August 1993, 20.30 Uhr dann dieser „Piep-Ton", auf den wir warteten und vor dem wir doch riesengroße Angst hatten. Es musste alles sehr schnell gehen, bis 22.00 Uhr war unsere Anwesenheit im Krankenhaus vorgesehen. Diese Nacht ging ich nicht von seiner Seite. Noch mal viele Untersuchungen, Tests und Gespräche. Am 11.08.1993, morgens um 07.30 Uhr, habe ich meinen Sohn in den Arm genommen. Ich habe geweint, mein Sohn war cool wie immer. Mit einem Lächeln auf seinem Gesicht schob man ihn in den OP-Saal. Ob er es schafft, ob er die OP überlebt? Mit vielen Fragen blieb ich zurück. Ich konnte nichts mehr für ihn tun.

Da saß ich nun im Krankenhaus - acht Stunden vor der Tür zum OP-Saal - ganz allein mit meiner Angst. Nie werde ich diese Zeit vergessen, nie! Gegen 15.30 Uhr die erlösende Nachricht, Marcel hat die OP überstanden. Nach zwei weiteren Stunden durfte ich zu ihm. Vor mir lag mein Sohn, ganz weiß war sein Gesicht, sein Körper. Diesen Anblick sehe ich noch heute vor mir. Überall Kabel, Schläuche und viele Perfusor-Spritzen, die ihn mit Medikamenten versorgten. Hier möchte ich meine detaillierte Beschreibung zur OP beenden. Es folgten ganz viele Höhen und Tiefen, durch die wir gehen mussten mit Abstoßreaktionen, Fieber und, und, und.

Marcel war nach der OP noch ca. drei Monate im Krankenhaus und zwei weitere Monate zu Hause. Dann ging er auf eigenen Wunsch wieder zur Schule, in seine alte Klasse zurück, keine Reha, kein Grad der Behinderung, keine psychologische Betreuung. Er nahm seine Medikamente und wollte einfach nur sein altes Leben zurück. Maci machte den mittleren Abschluss, erlernte danach den schweren Beruf eines Straßenbauers. Wer so körperlich arbeiten kann, der ist nicht krank. So war seine Argumentation. Er veränderte sich sehr, wurde aufbrausend, launisch, nachdenklich, dann wieder sehr hektisch. Wir hatten den Eindruck, Marcel ist immer auf der „Flucht", lebt sein Leben im Zeitraffer. Wir vermuteten dahinter einfach nur die Pubertät, an Depressionen dachte keiner. Für mich war klar, er suchte „seinen Weg". Wenn wir zu den regelmäßigen Arztterminen fuhren, war er immer gut drauf. Die Ärzte waren alle der Meinung, es geht ihm gut! So vergingen die Jahre. Mal war er ganz oben, dann wieder ganz unten. Sein Motto aber war: „Wo ich bin - da ist vorn!" Da er die körperlich sehr anstrengende Arbeit dann nach einigen Jahren doch nicht mehr verkraftete, erlernte er als zweiten Beruf Automobilkaufmann.

Aber kein Arbeitgeber wollte ihn aufgrund seiner Krankengeschichte, keine Versicherung wollte ihn als Versicherungsnehmer. Wieder setzte er sich auf die Schulbank und wurde Berufskraftfahrer für Gefahrengut. Es war so schwer für Maci, für längere Zeit einen festen Arbeitsplatz zu bekommen. Diese Situation machte ihn sehr traurig.

Auch seine partnerschaftlichen Beziehungen waren für beide immer schwer. Mal war er liebevoll, optimistisch, sehr fürsorglich oder nachdenklich, dann wieder wie die „Axt im Walde", launisch, verletzend, chaotisch. Im Spaß sagte ich immer zu ihm: „Dich haben sie bei der OP falsch zusammengesteckt". Seine Beziehungen hielten diese Belastungen nicht aus. Dadurch wurde er immer unzufriedener. Er wollte doch nur eine feste Beziehung, Kinder, eine eigene Familie.

Dann schien es endlich zu klappen. 2007 wurde aus einer guten Freundschaft eine feste Beziehung, die hoffen ließ. Sie brachte eine kleine Tochter mit in die Beziehung. Endlich war sein Traum vollkommen. Er war mit Leib und Seele Papa und wir mit unserer ganzen Liebe Oma und Opa. Aber auch diese Beziehung ging am 30.01.2009 (kurz nach ihrer Verlobung) in die Brüche, und mein Marcel war von jetzt auf gleich wieder allein. Keine Tochter, keine Frau, keine Wohnung. Am Sonntag, den 31.01.2009 zog er wieder bei uns ein. Er war mit seinen Kräften am Ende. Lief wie ein wildes Tier durch die Wohnung, aß nichts mehr, nahm aber seine Medikamente und trank reichlich Alkohol. Er verschwand aus unserer Wohnung und kam spät in der Nacht betrunken wieder nach Hause. Ich wollte einen Arzt holen, aber er drohte, dann die Wohnung sofort zu verlassen. Ich habe so mit gelitten, konnte aber nicht helfen. Am Montag blieb er den ganzen Tag im Bett. Am Dienstag früh ging er mit den Worten „geht schon wieder" zur Arbeit. Ich atmete auf, es geht ihm wieder besser, so waren meine Gedanken.

Als ich am Dienstag von der Arbeit nach Hause kam, war er gerade im Aufbruch. Wir erzählten uns Belangloses. Er sagte, er müsse noch mal in die Wohnung der Ex, er hätte was vergessen. Ja und anschließend fährt er nach Berlin zu einer Freundin, die auch gerade eine Trennung hinter sich hat. Es war wie immer, wenn er aus dem Haus ging. Mit einem Tschüss, ich hab dich lieb, verließ er unsere Wohnung. Ich war erleichtert. Wie dumm ich doch war. Warum hab ich nichts gemerkt? Der größte Fehler meines Lebens. Kurz vor 20.00 Uhr rief er mich von seinem Handy aus noch einmal an und teilte mir mit, dass sie jetzt ins Kino gehen und wir uns keine Sorgen machen sollen, wenn er jetzt sein Handy abstellt. Er verabschiedete sich mit den Worten „bis morgen früh".

Das waren seine letzten Worte. Als er am nächsten Morgen nicht da war, begann die Angst. Wir telefonierten und telefonierten, benachrichtigten die Polizei. Das angebliche Treffen mit einer Freundin, so stellte sich später heraus, war erfunden. Mittags stand die Polizei vor der Tür und teilte mir mit, dass Marcel sein Leben selbst beendet hat. Einen Abschiedsbrief haben wir leider nicht erhalten.

„Eines Morgens wachst du nicht mehr auf.
Die Vögel singen, wie sie gestern sangen.
Nichts ändert diesen neuen Tagesablauf.
Nur du bist fortgegangen.
Du bist nun frei und unsere Tränen
wünschen dir Glück."

(Johann Wolfgang von Goethe)

Vielen Fragen blieben und bleiben für immer unbeantwortet. Meine Sehnsucht fraß mich langsam auf. Oft war ich kurz davor, auch diesen gleichen Schritt zu gehen. Völlige Leere in mir. Ich war wie eine Maschine, ich funktionierte nach außen hin und ging nach 14 Tagen Krankschreibung wieder arbeiten. Ansonsten hatte ich mich aus dem Leben zurückgezogen. Ich ging

126

zu keiner Familienfeier mehr, traf mich nicht mehr mit Freunden. Ich saß, wenn man mich ließ, stundenlang einfach nur herum. Nichts ging mehr. Keine Freude am Leben, kein Lachen, zum Glück konnte ich weinen. Singen konnte ich schlagartig nicht mehr, (bis heute) auch meine Musik hörte ich nicht mehr. Es gab nur noch Techno-Musik - bum, bum, bum. Ich hörte nur noch die CDs von Marcel.

Für Marcel

Die Zeit vergeht, sie rennt dahin.
Die Sehnsucht aber bleibt.
Mein Schmerz ist dumpf, kein Lachen mehr,
nur mühsam kommt ein Lächeln her.
So eilt sie hin, die Zeit!

Ich suche dich am Sternenhimmel,
ich nehm dich wahr, als Schmetterling,
als Vöglein, das am Waldrand steht,
als Blatt, das von den Bäumen weht.

Ich möcht nur wissen, wie es dir geht.
Bist du jetzt frei und auch zufrieden?
Geht es dir gut, in deiner Welt?
Bist nicht allein am Himmelzelt?

Dort wart auf mich, mein lieber Sohn,
noch eine Weile, dann bin ich dort.
Ich lieb dich und verspreche heut,
ich lass dich nie wieder fort.

Nach fast einem Jahr reifte in mir ganz langsam der Wunsch, dass ich etwas haben möchte, was mich tröstet, was immer bei mir ist und worauf mein Marcel stolz wäre. Ich liebe ihn so sehr und dachte darüber nach, ein Zeichen meiner Liebe für immer zu tragen. Eine Kette, einen Ring, ein Tattoo? Ich war mir unsicher. Ein Tattoo - ich? Mein Marcel trug auch ein Tattoo. Was habe ich damals auf ihn eingeredet. Ich wollte ihn immer wieder überzeugen, dass ein Tattoo ein gesundheitliches Risiko für ihn darstellt und ich seine Gesundheit, als das Wichtigste sah. Immer wieder meine Argumente auf der einen Seite und sein Lächeln und seine Worte: „Mamutschka, alles ist gut, mach dir doch keine Sorgen", auf der anderen Seite.

Nach langem Ringen mit mir selbst stand mein Entschluss fest. Ich wollte auch ein Tattoo, ein Tattoo für meinen Großen und für mich. Meine Gesundheit war für mich nicht mehr wichtig. Ich bin zwar eine Mom mit vielen Allergien, aber wenn man sein Kind verliert, ist das so unwichtig. Man greift nach jedem Strohhalm, sucht nach Hinweisen, Erscheinungen oder Zeichen, die dir sagen, Mom, hier bin ich. Du bist nicht allein.

Ja und tatsächlich, ich habe viele Hinweise und Zeichen erhalten. Ganz besonders war für mich die Tatsache, dass ich viel intensiver wahrnahm, dass immer Schmetterlinge im Sommer um mich waren, sich auf meinen Arm setzten oder sich ganz in meiner Nähe ausruhten. Zeichen meines Sohnes? Ja, für mich waren das Zeichen meines Sohnes, ganz deutlich und klar. So kam es zu meinem Entschluss, ein Schmetterling sollte es werden. Er steht für Freiheit, Leichtigkeit, für Umwandlung und für Wiedergeburt. In vielen Kulturen ist er der Geist des Verstorbenen, der erinnern soll, dass der Tod nicht das Ende, sondern der Anfang eines neuen Lebens ist.

Diese schönen Gedanken gaben mir die Kraft zum Weiterleben. Sie umhüllten mich, wenn ich mal wieder in ein tiefes Loch fiel. Aber nur ein Schmetterling war mir zu wenig. Ich wollte noch etwas Persönliches von Marcel als Tattoo.

Eines Tages fiel mir, Zufall oder ein Zeichen?, ein kleines Zettelchen in die Hand. Es lag in einem Buch, welches ich schon lange nicht mehr in den Händen hielt. Die Tränen liefen über mein Gesicht. Ein kleiner Zettel, geschrieben von Marcel:

„Danke hab euch ganz doll lieb, Maci"

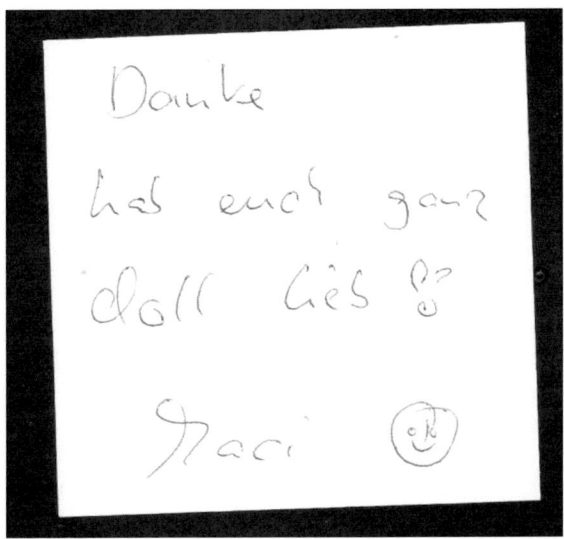

Jetzt wusste ich sofort, was noch zum Tattoo gehört. Sein persönlich geschriebener Kosename Maci und der Smiley. Ich war überglücklich. Ja, genau diese Notiz von Marcel war es. Wieder eine Hürde geschafft.

Dieser kleine Zettel wurde zu einem großen Schatz für mich. Ich hatte ihn bestimmt 10-mal kopiert, damit er nicht verloren geht. Das Original hatte ich in einem Bilderrahmen in seiner kleinen Gedenkecke aufgestellt. Dort steht es für immer! Jetzt hatte ich meine kleinen Symbole gefunden, die mich für immer mit meinem Marcel verbinden, die immer bei mir sind. Nun hieß es weiter suchen. Welche Form sollte der Schmetterling haben, sollte er fliegen oder sitzen, welche Farbe, groß oder klein? Ich recherchierte im Internet, schaute mir viele, viele Schmetterlinge und Tattoos an. Dann stand für mich fest, ein fliegender Schmetterling sollte es sein. Ein Schmetterling, der sagt, ich bin jetzt frei, ich fliege, wohin ich will. Niemand hält mich mehr auf, niemand kann mir noch wehtun. Lass mich einfach wegfliegen und winke mir zu. Ich werde kommen und gehen. Du siehst mich mal hier, mal da. Ich werde bei euch sein im Garten, auf der Straße, und wenn ihr die Fenster öffnet, fliege ich auch mal zu euch in die Wohnung. Aber bitte, schließt das Fenster nicht, lasst mich wieder gehen. So sah ich dich, mein Großer. Diese Gedanken sind es, die dir und mir gut gefallen würden.

Inzwischen war es Anfang April. Meine Entscheidung zum Tattoo stand endgültig fest. Niemand konnte mich mehr davon abbringen. Bedenken, wie z. B. was wird mein Arbeitgeber sagen?, wie sehen das die Familie oder die Freunde?, schob ich einfach weg. Sie konnten mich nicht mehr zurückhalten. Ich habe für mich entschieden - ich will dieses Tattoo!
Nun aber stand eine neue Herausforderung vor mir; das Tattoo Studio. Noch nie hatte ich eins von innen gesehen. Die ersten Tage habe ich das Studio nur beobachtet. Stand mal links, dann mal wieder rechts am Studioeingang und schaute mir nur die Leute an, die da ein- und ausgingen. Oh man, traue ich mich da wirklich rein? Dann wagte ich einen Schritt nach vorn, sah mir das Schaufenster an. Ja, und dann kam der Tag, da bin ich die kleine Treppe hochgegangen, habe die Tür geöffnet und stand im Studio. Völlig aufgeregt, ich Omi, wartend, bis einer kam.

Ein junger Mann kam auf mich zu und wir setzten uns in eine ruhige Ecke. Nachdem ich ihm in Kurzform mein Anliegen und deren Bedeutung erzählte, suchten wir gemeinsam den für mich „richtigen" Schmetterling aus. Der junge Tätowierer war sehr höflich und einfühlsam und ich wusste, er versteht mich. Er zeigte viel Mitgefühl, als meine Tränen liefen. Auch die Stelle legten wir noch fest, wo das Tattoo dann sein sollte. Mein linker Unterarm sollte es sein. Meine Überlegungen hierzu waren, dass ich jederzeit mein Tattoo sehen kann, dass ich es ohne Schwierigkeiten berühren kann, ohne mich zu verrenken. Es soll so sein, dass es mir Kraft und Halt gibt, wenn die Sehnsucht nach meinem Kind zu groß wird. Er sagte mir abschließend, dass er sehr gern diese Arbeit übernimmt. Einen ähnlichen Auftrag mit diesem Hintergrund hätte er zuvor noch nie gehabt. Wir vereinbarten einen Termin, der leider erst im Juni 2010 war. Ich ließ eine Kopie des Namenszuges da und ging erleichtert nach Hause. Das ganze Gespräch dauerte zwei bis drei Stunden.

Von nun an suchte ich auf der Straße bei allen Leuten im Vorübergehen Tattoos. Meine Entscheidung, auch ein Tattoo zu haben, änderte total meine Sichtweise. Ich versuchte, bei den gesehenen Tattoos die Beweggründe zu erkennen. Das gelang mir aber in den meisten Fällen nicht. Manchmal hatte ich den Eindruck jeder hat eins, ob Mann, ob Frau, ob jung ob alt. Ich fand mich sehr mutig, gehöre ich doch zu den chronischen Schmerzpatienten. Aber Schmerz hin oder her, mein Tattoo wollte ich auf alle Fälle.

Am 8. Juni 2010 war es endlich so weit. Nur mein Mann und mein jüngerer Sohn wussten von meinem Vorhaben. Nach Arbeitsschluss ging ich in mein Tattoo Studio. Ich wurde schon erwartet. Wir unterhielten uns noch mal kurz. Er fragte mich, ob es noch Änderungswünsche gäbe. Da das nicht der Fall war, begann er mit seiner Arbeit. Ich fühlte mich ein wenig ängstlich auf dem Stuhl, weil ich nicht wusste, wie groß der Schmerz wird. Als die Nadel zu zeichnen begann, liefen mir die Tränen. Nicht vor Schmerzen, nein! Erst liefen sie, weil mir mein Marcel in diesem Augenblick ganz besonders fehlte. Später liefen sie vor Freude und Stolz. Nach ca. 90 Minuten war es geschafft. Mein Tätowierer gab mir noch Pflegehinweise und bat mich, in drei bis vier Tagen noch einmal vorbei zu kommen. Dann wollte er sich das Tattoo noch einmal anschauen. Da es für mich ein kurzer Weg war, sagte ich zu!

Zu Hause wurde ich schon erwartet. Gemeinsam betrachteten wir mein Tattoo und fragten uns, ob es wohl Maci gefallen würde? Wir waren uns einig, Marcel wäre stolz auf mich. Eine Woche hatte ich dann immer langärmlige Kleidung an. Ich wollte es erst zeigen, wenn alles abgeheilt ist. Dann der „große Knall" bei meiner Familie, auf Arbeit, bei meinen Freunden.

Viele interessierten sich dafür, ob es weh getan hat, ob ich nicht zu alt dafür bin, ob ich nicht Angst habe, dass ich krank dadurch werde, usw., usw. Ganz Wenige fragten, warum ich es getan habe und welche Bedeutung es für mich hat. Es gab auch einige, die es gar nicht verstanden haben, dass ich so einen „Modeschrei" mitmache. Diese Menschen verstehen nicht, was in mir vorgeht, seit dem Marcel diesen seinen letzten Weg gegangen ist.

Heute - nach fast 6 Jahren - ist die Sehnsucht noch genau so groß. Er fehlt mir jeden Tag. Beim Aufstehen sehe ich sein Bild an der Wand. Ich streichle über meinen Arm und sage: „Guten Morgen mein Schatz". Wenn meine Kolleginnen von ihren Kindern erzählen, liegt meine Hand auf dem Tattoo. Ich streichle es und fühle, Maci ist mir ganz nahe. Wenn uns Macis angenommene Tochter besucht und die schmerzlichen Erinnerungen wieder aufbrechen, streicheln wir den Schmetterling gemeinsam. Auf jeder Familienfeier, wo Marcel körperlich immer fehlen wird, ist er in Gedanken, in meinem Herzen immer dabei. Auch wenn die Anderen kaum über ihn reden oder schnell das Thema wechseln, wenn ich von Marcel sprechen möchte. Wenn ich mein Tattoo berühre, ist er bei mir. Ein Gefühl von innerer Ruhe wärmt mich. Ganz oft fühle ich mich unverstanden und denke mir oft, eure Probleme möchte ich haben! Gibt es hier jemanden, der mit mir tauschen möchte?

Die letzten Worte in meinem Kapitel möchte ich an meinen Sohn richten:

Lieber Marcel, du bist immer bei uns, versprochen! Du warst ein großes Geschenk für uns, mit deinem Lachen, mit deinen Streichen. Wo du auch warst, du hast mit deinem Humor überall Freude verbreitet. Du warst ein so liebenswertes Kind, ein toller junger Mann mit ganz, ganz viel Herz. Ich danke dir, dass du bei uns warst, und wünsche dir von Herzen, dass du gefunden hast, wonach du so suchtest.

M   Machs gut mein Sohn. Meine Liebe wird dich immer begleiten.

A   Aber bitte pass auf dich und auch auf uns auf, ganz besonders auf deinen Bruder und deine kleine Tochter.

R   Ruhe in Frieden mein Großer, dein Leben hier auf Erden war zu schwer für dich geworden.

C   Cruisen kannst du jetzt in deiner Welt, hier auf Erden warst du nur in Eile.

E   Einmal werden wir uns wiedersehen, egal wo du jetzt bist. Nur dieser Gedanke lässt mich hier stark sein.

L   Loslassen werde ich dich nie ganz. Du bist und bleibst ein Teil von mir, ein Teil meines Lebens.

Regina A.

Mikan S.
*/+ 06.07.2014

Es zählt wohl zu den schlimmsten Dingen, die einem im Leben passieren können, wenn man sein eigenes, geliebtes Kind zu Grabe tragen muss. Und es verändert einfach alles. Dabei begann unsere Geschichte wie in einem wunderbaren Märchen: Wir wünschten uns ein Baby.

Drei Wochen nachdem wir diesen Wunsch ausgesprochen hatten, wusste ich, er hat sich erfüllt. Der positive Schwangerschaftstest, den ich ein paar Tage später in den Händen hielt, bestätigte mein Gefühl. Ein neues, kleines Leben machte sich auf den Weg zu uns und wir freuten uns riesig. Aus einer Familie mit drei Kindern sollte bald eine Familie mit vier Kindern werden. Wir haben uns schon immer eine große Familie gewünscht. Allerdings hätte ich nie gedacht, dass dieser Wunsch tatsächlich in Erfüllung geht. Und nun war es soweit. Drei kleine, große Brüderchen und ihre Eltern freuten sich auf das vierte Geschwisterchen. Nach dem ersten Termin beim Arzt hatten wir dann auch das erste Ultraschall-Bildchen unseres Kindes in den Händen. Und sein errechneter Entbindungstermin sollte tatsächlich unser sechster Hochzeitstag sein. Wie wunderbar!

Die Freude auf das neue Menschlein, das da in mir wuchs, wurde von Tag zu Tag größer. Wir sprachen viel über unser neues Familienmitglied, kauften ihm eine Spieluhr, die „Twinkle, Twinkle, Little Star" spielte. Seine Brüderchen streichelten zärtlich über meinen Bauch und erzählten ihrem Geschwisterchen, was sie später mal alles mit ihm anstellen werden ...

Die nächsten Arzttermine verliefen alle ganz wunderbar, jedes Mal wurde uns bestätigt, dass unser Baby absolut zeitgerecht entwickelt ist und es ihm in meinem Bauch gut geht. Auch der große Feinultraschall in der 20. Woche ließ uns in dem Glauben, in einigen Wochen ein ganz gesundes kleines Menschlein in den Armen halten zu können. Einen kleinen Jungen. Unseren vierten Sohn. Die Jungs waren ganz aufgeregt, als sie erfuhren, dass sie tatsächlich noch einen Bruder bekommen würden. Genau das hatten sie sich nämlich gewünscht.

Einige Wochen später, bei einem Routine-Ultraschall, dann der Schock: Unser Baby sollte schwer krank sein. Eine Hirn-Fehlentwicklung, die bereits in den ersten Wochen der Schwangerschaft stattgefunden haben soll, verhieß eine äußerst geringe Lebenserwartung. Man bereitete uns darauf vor, dass sein Leben jederzeit zu Ende sein könnte. Sollten wir es tatsächlich bis zum errechneten Termin schaffen, wäre es mehr als wahrscheinlich, dass der Kleine während der Geburt oder wenige Tage, vielleicht Wochen, danach stirbt. Diese Worte trafen uns wie ein Faustschlag. Die Welt stürzte über uns ein, während wir den Boden unter den Füßen verloren.

Wie kann denn so was nur möglich sein? Wieso ist unser Kind nicht gesund? Und wieso können wir nichts dagegen tun? Wieso...? Wieso...? Ich weiß nicht, wie oft wir uns all diese Fragen stellten, ohne auch nur den Ansatz einer Antwort zu finden. Nach dem ersten Schock über diese Nachricht versuchten wir, jeden klitzekleinen Moment der Schwangerschaft ganz intensiv zu genießen. Wir feierten das Leben. Wir feierten unser Leben zu sechst. Solange wir es noch hatten. Wir machten viele Ausflüge. Wir gingen in den Zoo, auf den Spielplatz, aßen auch mal zwei Eis am Tag, fuhren in den Urlaub und zeigten unserem kleinen Mikan die Welt ... Wir machten viele Fotos, ganz besonders viele Familienfotos. Wir versuchten, uns so viele schöne Erinnerungen wie nur möglich zu schaffen. Erinnerungen an eine Zeit, in der wir zu sechst waren, in der wir unseren Traum der „Familie mit vier Kindern" lebten.

Es war eine sehr intensive Zeit. Womöglich die intensivsten Wochen meiner Schwangerschaft. Das Wissen, dass es vielleicht ganz schnell vorbei sein kann mit unserer gemeinsamen Zeit, ließ uns das Leben aus einem ganz neuen Blickwinkel betrachten. Realistisch gesehen kann es für jeden Menschen auf der Welt womöglich jederzeit zu Ende sein. Es passieren viel zu oft unheimlich schlimme Dinge, die Todesopfer fordern. Aber glücklicherweise sind die meisten von uns sich dessen im Alltag einfach nicht bewusst. Sonst wäre man ja nur noch traurig. Aber wenn es einen dann am eigenen Leib betrifft, und diese Formulierung passt besser als jede andere, dann ist es doch plötzlich etwas ganz anderes. Man spürt plötzlich, wie kostbar das Leben ist. Jedes Leben. Das des Babys, das seiner Geschwister, das seines Partners und nicht zuletzt auch das eigene.

Bis zu dem Tag ...
An diesem Tag fühlte ich mich wie im Nebel. Alles war irgendwie unwichtig und weit weg. Unser Baby, unser Wunschkind, war tot. In meinem Bauch. Das schrecklichste Gefühl der Welt. Jetzt im Nachhinein, versuche ich mich damit zu trösten, dass das Einzige, was unser kleiner Schatz von dieser Welt erlebt hat, unsere unbeschreiblich große Liebe zu ihm war. Er hatte keine Schmerzen, er musste nicht leiden. Er hatte es gut in meinem Bauch und wir waren zusammen. Bis zum letzten Herzschlag. Am liebsten würde ich unsere Geschichte hier enden lassen. Aber sie war noch nicht zu Ende.

Unser Baby musste noch geboren werden. Nachdem uns erklärt wurde, es sei für Körper und Seele das „Beste", den Kleinen auf natürlichem Wege zu gebären, wurde die Geburt eingeleitet. Die nächsten Tage waren die Hölle. Insgesamt elf Mal wurde versucht, die Geburt in Gang zu bringen.
Zehn Mal tat sich nichts. Weder mein Körper noch meine Seele waren bereit, unser Kind zur Welt zu bringen. Ich wollte ihn nicht hergeben, ich wollte mich nicht von ihm verabschieden. „Jede Geburt ist anders" - heißt es. Und ja, auch diese war anders. Unser Kleiner lag in Beckenendlage. Und er war tot.

Als die Hebamme ihn mir in die Arme legte, war kein schrilles Neugeborenen-Schreien zu hören, stattdessen weinten wir. Wir weinten und weinten und schauten ihn an, unseren kleinen Sohn, der so wunderschön und perfekt war. Und so leblos.
Er hatte die niedlichsten kleinen Fingerchen, die man sich vorstellen kann. Die süßesten kleinen Füßchen und viele dunkle Haare auf seinem niedlichen Köpfchen. Wir hatten alle Zeit der Welt mit ihm zusammen. Es war, als stünde die Zeit still. Und es war unbegreiflich, dass er tot sein sollte.

Tatsächlich begriff ich erst Tage nach der Geburt, wir waren schon wieder zu Hause, dass unser kleiner Mikan tot war. Dass er nichts von all dem hörte, was ich ihm ins Ohr flüsterte, als er in dieser Nacht in meinen Armen lag. Es ist einfach nicht zu begreifen. Immer noch nicht.

Für seine letzte Ruhestätte haben wir ihm etwas ganz Besonderes ausgesucht. Er liegt nun unter den Zweigen eines Baumes, mitten in der Natur. Die Vögel zwitschern und die Sonne scheint durch die Äste. Eine kleine Holzplatte mit seinem Namen liegt auf dem Grab, umrandet von Blumen aus unserem Garten. Er ist dort nicht allein. Wir haben ihm ein Amulett von uns mitgegeben. Ein Lebensbaum mit allen unseren Namen. Die Kinder haben Steine bemalt, die wir in unserem gemeinsamen Urlaub am Meer gesammelt haben. Auch wenn er nicht mehr da ist, so lebt die Erinnerung an ihn in uns weiter. Solange wir leben.

Zwei Wochen nach Mikans Geburt saß ich mit seinen großen Brüdern am Tisch und wir malten. Ich kritzelte gedankenverloren auf einem Papier herum, das gerade vor mir lag und beobachtete die Kinder dabei, wie sie unsere Familie malten: Mama, Papa, den Großen, den Mittleren, den Kleinen ... und unseren Mikan, der zumindest auf dem gemalten Bild immer noch in Mamas Bauch wohnte. Ein breites Lächeln im Gesicht, neben ihm ein großes, rotes Herz. Weil wir ihn so lieb haben. Ich war gerührt. Mal wieder. Wie liebevoll und selbstverständlich unsere Kinder mit der Situation umgingen, während sie uns Eltern das Herz brach. In vielerlei Hinsicht können wir Erwachsenen in solchen Momenten von Kindern lernen. Mikan ist zwar nicht mehr körperlich bei uns, das ändert jedoch nichts an unserer Liebe zu ihm. Welche tiefgründigen Gedanken so eine einfache Kinderzeichnung ausdrücken kann ...
Irgendwann schaute ich runter auf mein Blatt Papier und sah, was ich so vor mich hin gemalt hatte. Traurige Gesichter, eine Mutter mit ihrem Baby im Arm, daneben eine schwarze Spirale, die in fünf immer kleiner werdenden Punkten endete. Genau dieses Symbol habe ich auch auf seine Grabtafel gemalt.
Die Spirale ist schon seit tausenden Jahren in den verschiedensten Kulturen das Symbol für das Leben. Für kontinuierliches Wachstum, für Veränderung in einer gleichbleibenden Bewegung. Ich mochte dieses Symbol schon immer. Bereits in der Schule habe ich oft spiralförmige Muster in meine Hefte gemalt, während ich dem Unterricht lauschte. - Oder auch nicht. In diesem Symbol erkenne ich so vieles wieder: Die immer wiederkehrenden

Jahreszeiten, den Frühling, den Sommer, den Herbst und den Winter. Man erlebt die gleichen Jahreszeiten immer wieder. Aber man ist doch niemals noch einmal am selben Punkt in seinem Leben. Man verändert sich mit jedem Tag. Es geht immer weiter. Vieles wiederholt sich aber es ist dennoch nie, wie es schon einmal war. Je länger ich auf meine Zeichnung schaute, desto mehr wurde mir bewusst, dass auch diese unbeschreiblich schmerzhafte Erfahrung, der Verlust unseres kleinen Mikan, nun Teil unseres Lebens geworden ist. Es ist, wie es ist. Es tut weh. Es ist unbegreiflich. Aber es gehört dazu. Und das Leben geht weiter. Ohne ihn. Irgendwie.

Und plötzlich wusste ich, dass ich genau dieses Zeichen als Tattoo auf meinem Körper haben wollte. Ein Zeichen, das mich immer und gerade jetzt in dieser schwierigen Zeit, daran erinnern soll, dass das Leben weiter geht. Und auch, dass das Leben irgendwann zu Ende ist. Dass das Leben alles ist, was einem passiert. Alles Gute und alles Schlechte, einfach alles.
Tattoos begeisterten mich schon lange. Allerdings meistens bei anderen. Für mich selbst war es nie ernsthaft ein Thema. Obwohl ich schon seit Jahren diverse Piercings an den unterschiedlichsten Körperstellen hatte, und ich auch schon lange eine Tattoo-Idee im Kopf hatte, habe ich nie den Schritt gewagt, mich tatsächlich tätowieren zu lassen. Das war mir immer zu endgültig. Ein Piercing kann man, wenn es einem irgendwann nicht mehr gefällt, einfach wieder entfernen. Ein Tattoo hat man. Ein Leben lang.

Nachdem wir unser geliebtes Kind gehen lassen mussten, erlebte ich auf eine sehr schmerzhafte Weise, wie es sich anfühlt, wenn etwas „endgültig" ist. Mikan ist tot. Für immer. Er wird nie wieder lebendig werden. Dabei wollten wir ihn doch bei uns haben. Wollten ihn aufwachsen sehen. Erleben, wie er erwachsen wird. All das wurde uns genommen.

Und dann kam die Idee. Ein Tattoo. Etwas Endgültiges. Eine ewige Erinnerung an einen geliebten Menschen, an eine schwere Zeit im Leben. Aber auch eine Erinnerung an das Leben an sich. An das Weiterleben. Das Sich-Entwickeln. Ein sehr guter Freund von mir, wir kennen uns schon seit über 20 Jahren, hat immer gesagt, er möchte mal Tätowierer werden. Und ich habe immer gesagt, wenn ich mich irgendwann mal tätowieren lasse, dann nur von ihm.

Der Tag, an dem ich mit den Kindern am Tisch saß und malte, war ein Sonntag. Noch am selben Abend schrieb ich meinem guten Freund, der mittlerweile tatsächlich Tätowierer geworden war. Ich erzählte ihm von meinen Plänen und fragte auch gleich, wann ich bei ihm im Studio vorbeikommen könnte. Es war beschlossen. Und ich wollte dieses Tattoo. Am besten sofort. Auch meinem Mann erzählte ich von meiner Idee. Da ich wusste, dass er sich bisher für diese Art von Körperkunst nicht im Geringsten begeistern konnte, fand ich es nur fair, ihn zumindest vorzuwarnen. Mein Entschluss stand fest. Aber ich glaube, er dachte nicht, dass ich es tatsächlich tun würde. Ich erklärte ihm, wie wichtig mir dieses Tattoo sei und dass es für mich eine Art Trauerbewältigung sein könnte, mich genau jetzt und genau mit diesem Symbol tätowieren zu lassen.

Am Montag fuhr ich mit den Kindern zu meinen Eltern. Am Dienstag fuhr ich zusammen mit meinem Bruder zum Tattoo-Studio, wo ich mit meinem alten Freund verabredet war. Er konnte es glücklicherweise spontan einrichten. Ich glaube, es war eigentlich seine Mittagspause. Und ich glaube, er wusste auch zu diesem Zeitpunkt noch nicht, dass unser Baby gestorben war. Er wusste lediglich, dass es mir sehr wichtig war, gerade jetzt dieses Tattoo zu bekommen. Und das war auch irgendwie gut so, denn als wir uns trafen, überwog einfach nur die Wiedersehensfreude. Es gab kein peinliches Schweigen, kein „ich-weiß-nicht-was-ich-sagen-soll", keine Tränen. Das tat gut. Es war einfach nur schön, ihn in dieser schweren Zeit in die Arme schließen zu können. Ich schaute mich im Studio um. Im Vergleich zu den Arbeiten, die er sonst machte, musste mein Tattoo in Größe und künstlerischer Umsetzung wohl wie ein einfaches Kindergarten-Gekritzel gewirkt haben. Ich war begeistert von den Werken, die man im Studio an allen Wänden bestaunen konnte. Und ich merkte auch wieder, dass diese Kunstwerke zwar wunderschön, aber einfach nichts für mich waren. Mein Tattoo, das zufällig zwei Tage vorher am Esstisch entstanden war, genau das und nichts anderes sollte es werden. Und auch genauso. Ein bisschen schief, ein bisschen krumm, so unperfekt wie ich. So unperfekt wie das Leben. Als ich früher über die perfekte Stelle für ein Tattoo nachdachte, hörte ich die Leute immer wieder sagen: „Bloß nicht auf den Bauch. Wenn du mal schwanger wirst, dann dehnt sich die Haut, womöglich reißt sie sogar. Und wer weiß, wie das Tattoo dann danach aussieht!" Und als ich jetzt über die perfekte Stelle nachdachte, war mir sofort klar: „Auf den Bauch!" Genau da, wo alle unsere Kinder gewachsen sind. Da wo alle unsere Kinder gelebt haben. Zwischen all den Narben und Schwangerschaftsstreifen, zwischen all den Zeichen, die mein Leben so einzigartig machen. Ich konnte mir keine bessere Stelle vorstellen. Rechts neben dem Bauchnabel, genau da, wo Mikan am

140

liebsten gelegen hat, während er mit seinen kleinen Füßchen auf der linken Seite meines Bauches lustige kleine Beulen auf und ab tanzen ließ. Und nun, zwei Wochen und zwei Tage nach der Geburt, stand ich tatsächlich im Tattoo-Studio. Kein bisschen nervös oder aufgeregt. Eher glücklich. Ich hatte auch keine Angst vor den Schmerzen, von denen immer alle reden, wenn es darum geht, sich tätowieren zu lassen. Ich war einfach nur ganz ruhig. Und irgendwie freute ich mich richtig darauf, meinen Herzenswunsch erfüllt zu bekommen. Ein kleines bisschen Ewigkeit auf meiner Haut. Ganz allein für mich.

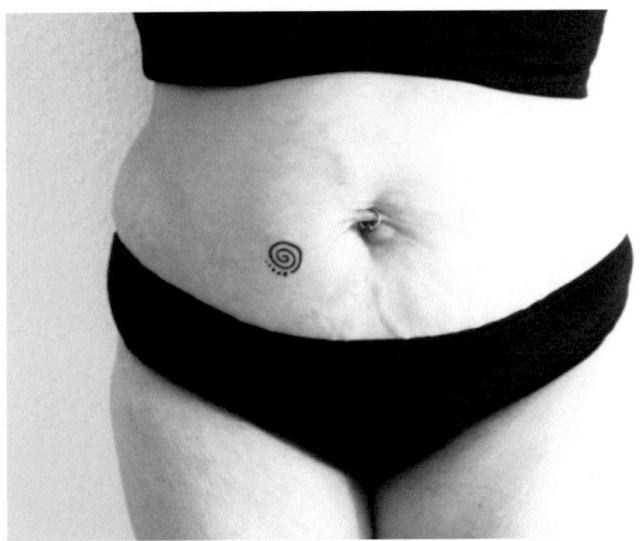

Nach etwa einer halben Stunde war das Kunstwerk fertig. Schwarz glänzend strahlte eine Spirale mit fünf kleinen Punkten zwischen meinen Schwangerschaftsstreifen auf meinem weichen, dicken Rest-Schwangerschaftsbauch in die Welt. Und ich strahlte. Das erste Mal seit der stillen Geburt fühlte ich mich irgendwie gut. Ich freute mich. Das Tattoo, das mich von nun an immer an unseren kleinen Mikan erinnern würde, hatte seinen Platz gefunden.

Gestochen nicht von Irgendjemandem, sondern von einem Menschen, der mir sehr viel bedeutet. Es fühlte sich an, als hätte ich das einzig Richtige getan. Ein sichtbares Zeichen für einen wunderbaren kleinen Menschen, den außer meinem Mann und mir niemand kennenlernen durfte.

Und es hat gar nicht wehgetan. Wie könnte auch etwas noch mehr wehtun, als das eigene Kind tot zur Welt bringen zu müssen? Sich von diesem geliebten, kleinen Schatz verabschieden zu müssen, bevor man ihn überhaupt richtig kennenlernen durfte? Niemand kann uns unseren kleinen Mikan wiedergeben. Aber mit meinem Tattoo habe ich nun etwas Sichtbares, das für immer mit mir verbunden ist, genau wie er immer mit mir verbunden sein wird. Und das kann mir niemand nehmen.

Während ich diese Zeilen schreibe, ist es schon zwei Monate her, dass ich mich tätowieren ließ. Zwei Monate, zwei Wochen und zwei Tage seit unser Mikan tot geboren ist. Es schmerzt immer noch sehr. Aber mit jedem Blick auf meinen Bauch und mein Tattoo fühle ich mich ihm nah. Er ist bei mir. In meinem Herzen. In meinem Tattoo. Und das macht mich glücklich.

Annika S.

Moritz N.
*23.09.1992 +09.03.2011

Der Wunsch nach einem Tattoo für meine Söhne entstand schon vor
Moritz' Tod. Ich erinnere mich noch gut an den Tag, an dem ich mit meinen beiden Söhnen in der Küche am Tisch saß und wir gemeinsam überlegten, welches Tattoo meinen Körper schmücken soll zu Ehren von ihnen.
Sie entschieden sich für ein Tribal mit Sternen, in schwarz gehalten. Das
Tattoo sollte an den Armen lang laufen. Meine Jungs waren richtig aufgeregt und voller Elan dabei.

Ich möchte euch nun die Geschichte meines wunderbaren Sohnes Moritz
erzählen, der mich von Anfang an mit sehr viel Liebe erfüllt hat.

Die Schwangerschaft verlief ohne Komplikationen und so wurde Moritz
mit zwei Tagen Verspätung (typisch Moritz) am 23.09.1992 um 6.58 Uhr
geboren. Durch sein Dasein wurde mir alles bewusster und wir genossen die
ersten Monate sehr intensiv und erkundeten die Welt gemeinsam. Leider
verloren wir 1998 sein Geschwisterchen in der 11. Woche. Am 09.10.1999
wurde Jonas geboren und Moritz war der stolze große Bruder. Er fütterte

Jonas und las ihm vor. Und die Zwei entwickelten eine enge Bindung zueinander.

Ein neuer Lebensabschnitt begann und die Ereignisse überschlugen sich. Wir machten uns mit einem Kurier-Dienst selbstständig. 2001 zogen wir nach einem schweren Autounfall meines Schwagers aufs Land. Wir kauften dort einen Resthof, den wir mit meiner Schwester und ihren drei Kindern bewohnten. Bis zum Tode meines Schwagers im Jahre 2007 pflegten wir ihn gemeinsam auf dem Hof. 2008 kam die Trennung von Jonas' Vater und wenige Zeit später zog auch meine Schwester mit ihren Kindern vom Hof. Nun war ich mit meinen beiden Jungs und den Tieren alleine.

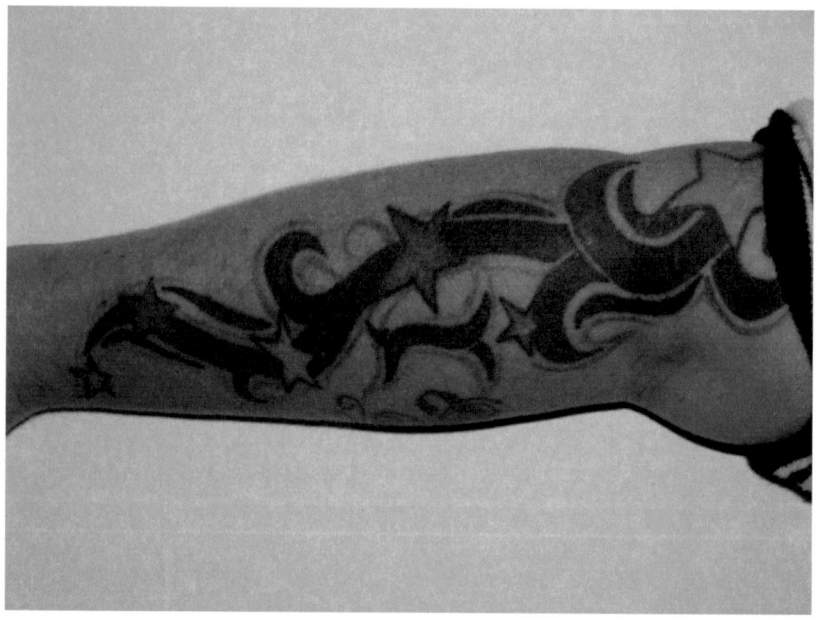

Moritz hat viel früher als ich Unrecht erkannt und je älter er wurde, um so mehr hätte ich von ihm lernen können. Leider war meine Ruhe weg und ich getrieben von Sorge. In der Schule lief es nicht gut für Moritz. Oft brach er mir vor dem Schulbesuch zusammen. Moritz war immer geduldig und machte alle Therapieversuche mit. Leider bekamen wir auch häufiger Streit, aber mehr aus der Situation der Hilflosigkeit heraus. Dein achtzehnter Geburtstag. Du so stolz auf deine Volljährigkeit, auf dein eigenes Geld. Wir fanden einen gemeinsamen Weg, redeten viel. Du solltest ohne Druck deinen Weg finden ...

Am 08.03.2011 nahm er mich abends in seine Arme und sagte mir, dass er mich lieb hat und dass es ihm Scheiße gehe.

Der Schock. Am 09.03.2011 betrat ich sein Zimmer und es war leer.

Dann die Ungewissheit bis die Kripo vor der Tür stand und mir erklärte, dass sie wahrscheinlich meinen Sohn gefunden hätten. Tot auf dem Feld liegend, nicht unweit vom Hof. Gewaltverbrechen? Autounfall? Achtlos aufs Feld gelegt zum Sterben? Begriffe, die mir um die Ohren geschmissen wurden. Die Kripo ging noch um mein Auto herum und begutachtete es, dann fuhren sie. Zusammenbruch, Unverständnis, Hilflosigkeit. Mein Gedanke, Moritz hat sich das Leben genommen. Erst der Anruf bei einer befreundeten Heilpraktikerin (Sie kann Kontakt mit Verstorbenen aufnehmen) konnte mich etwas beruhigen. Moritz gehe es gut und sie kam auch sofort zu mir gefahren. Abends der Anruf von der Kripo, die Moritz' Suizid bestätigte. Moritz wollte sich erhängen, aber der Strick riss und so lief er noch wenige Meter wie in Trance hinaus aufs Feld, wo er dann verstarb.

Da Jonas' Vater Tätowierer ist, setzten wir die Tattoos fort und nutzten die Zeit, auch über Moritz zu reden. So gewannen die Tattoos noch mehr Bedeutung für mich. Zu dem Tribal kam noch der Schriftzug „Moritz", den Jonas' Vater zu Moritz Lebzeiten nicht stechen wollte. Als er mit dem Schriftzug fertig war, blickte er zum Himmel und meinte: „Jetzt hast du es doch geschafft."

Bettina Z.

Noah P.

*/+ 08.01.2010

Alex Pircher mit Noah tief im Herzen, still geboren am 08. Januar 2010

Während sich die Welt draußen gegen einen bevorstehenden Blizzard wappnete, wurde ich zum zweiten Mal in meinem Leben Mutter. Am Abend des 8. Januar 2010 kam mein zweiter Sohn Noah still zur Welt. Vom einen auf den anderen Moment war nichts mehr, wie es einmal war. Im Rahmen einer Routineuntersuchung bei meinem Gynäkologen erhielt ich die bislang schlimmste Nachricht meines Lebens. Noch heute sehe ich mich frohen Mutes in die Praxis gehen, nichts Böses ahnend. Binnen Sekunden verlor ich den Boden unter den Füßen. Sachlich und so einfühlsam, wie solch eine Botschaft überbracht werden kann, teilte man mir mit, dass Noahs Herz nicht mehr schlägt. Mit voller Wucht traf es mich, wie ein Paustschlag aus dem Nichts. Vollkommen unvorbereitet, ohne jegliche Vorwarnung. Die folgenden Stunden funktionierte ich einfach nur irgendwie, tat, was getan werden musste, leitete in die Wege, was organisiert werden musste. Eigentlich bekam ich alles gar nicht wirklich mit. Meine Gedanken liefen in einer Endlosschleife: Das kann nicht sein, das kann nicht sein, das kann nicht sein.

In der Klinik erwartete man uns bereits und nahm uns mitfühlend in Empfang. Sicherheitshalber wurde ein weiterer Ultraschall gemacht und in mir keimte wieder so etwas wie Hoffnung. Sollte das Gerät meines Gynäkologen vielleicht schadhaft gewesen sein? Gleich stellt sich heraus, dass alles nur ein schrecklicher Irrtum gewesen war und wir gehen mit einem gewaltigen Schrecken, aber der guten Gewissheit, dass alles in Ordnung ist, dass sein kleines Herz doch schlägt, heim. Aber das Gerät war nicht defekt und der Blick auf den Monitor zeigte das gleiche Bild, das ich schon ein paar Stunden zuvor gesehen hatte und alles blieb still. Das vertraute Geräusch eines schlagenden Herzens blieb aus. Diese Stille war furchtbar! Man klärte uns auf, dass nun die Geburt eingeleitet werden würde. Ich nahm das alles nur halbwegs wahr. In meinem ganzen Leben hatte ich mich noch nie so hilflos, fast schon ausgeliefert gefühlt. Hinzu kam die leise Ahnung, dass dies erst der Anfang des ganzen Leidens- und Trauerweges war.

Ich bezog ein Zimmer in der Nähe des Kreißsaals und bekam wehenfördernde Mittel. Nach einem weiteren Gespräch mit den diensthabenden Hebammen entschieden diese, „meine" Hebamme zu benachrichtigen. Eine Geste, für die ich unendlich dankbar war und es heute noch bin. Nach einer schlaflosen Nacht kam meine Hebamme zu mir. Sie machte mir Mut und beruhigte mich, ohne meine Ängste und Nöte kleinzureden. Um 19:40 Uhr brachte ich Noah mit ihrer Unterstützung zur Welt. Eine schnelle, schmerzhafte Geburt. Ein perfektes kleines Menschlein, seinem großen Bruder wie aus dem Gesicht geschnitten. Wir durften ihn in Ruhe betrachten, umarmen, mit ihm reden. Doch wie soll man sein Kind willkommen heißen und gleichzeitig Abschied nehmen? Wie ein Wasserfall brachen die unterschiedlichsten Gefühle in sämtlichen Facetten über mich hinein. Liebe, Dankbarkeit und unsagbare Traurigkeit. Zwischendrin immer wieder Phasen, in denen ich es einfach nicht wahrhaben wollte. Die Nacht über sollten wir in der Klinik bleiben und meine Hebamme versprach, noch am Wochenende zu mir nach Hause zu kommen. Die Nacht ging irgendwie vorbei. Am nächsten Morgen schickte man uns aufgrund der akuten Wetterlage schnell nach Hause. Medizinisch gab es keine Bedenken und so wurde ich aus der Klinik entlassen. Entlassen in die Traurigkeit! Ohne mein sehnsüchtig erwartetes zweites Kind fuhren wir nach Hause. An die kommenden Tage habe ich kaum greifbare Erinnerungen. Ich überlebte sie einfach. Wir organisierten die Trauerfeier. Mir kam das alles vor wie ein falscher Film. Fünf Tage nach seinem Geburts- und Sterbetag mussten wir unser Kind zu Grabe tragen. Mit ihm begrub ich so vieles mehr: Meine Hoffnung, meine Zuversicht und mein Urvertrauen.

Die nächsten Wochen funktionierte ich wie ein Uhrwerk, mechanisch. Meine Welt war komplett aus den Fugen geraten und ich wurde mit Gefühlen konfrontiert, die ich in dieser Vielfalt nie für möglich gehalten hätte. Trauer und Hoffnungslosigkeit übermannten mich, tiefe Verzweiflung und Angst hielten mich gefangen. Ich suchte verzweifelt nach Auswegen, nach tröstender Hilfe, denn ich wollte ja wieder zurückfinden in ein lebbares Leben. Ich hatte bereits einen dreijährigen Sohn fest an der Hand. Er brauchte mich mehr denn je, er spürte so eindringlich, dass hier nichts mehr war, wie es einmal gewesen ist. Manchmal war mir alles zu viel und erschien mir so sinnlos. Hinzu kamen Menschen, die versuchten, mich zurückzudrängen in mein altes Sein. Recht schnell war mir klar, dass es wohl nie wieder so sein würde wie es einmal war. Ich hatte mein Kind verloren und mit ihm war so viel gegangen. Wertigkeiten hatten sich verschoben.

Nach ein paar Wochen, als der Schmerz dumpf pochte und die Trauer fast schon ein vertrauter Begleiter geworden war, wuchs in mir die Idee, Noah in einem Tattoo zu verewigen, ihn ein Stück sichtbar zu machen. Anfangs fehlte mir aber schlichtweg die Kraft, mir konkrete Gedanken zu machen und diese dann auch in die Tat umzusetzen. Ich erlebte, was ich mir vorher nicht einmal vorstellen konnte: Trauer macht einsam. Eines Abends erzählte mir mein Mann, dass er ein Tattoo haben wollte. Es überraschte mich, dass er so ein sichtbares Zeichen setzen wollte, aber es erfüllte mich auch mit Stolz. Er war in seiner Trauer eher introvertiert. Wir zeichneten, berieten und überlegten stundenlang und langsam nahm die Idee Formen an. Ein Bekannter überließ meinem Mann seinen Termin. Der Tätowierer hier am Ort hatte sich einen guten Namen gemacht und war über Monate ausgebucht. In diesem Punkt meinte das Schicksal es gut mit uns. Aufgeregt wartete ich auf meinen Mann. Ich wollte nicht mitgehen, zu groß war die Angst, dort die Fassung zu verlieren. Das Ergebnis war grandios: Eine wunderschöne, antik aussehende Taschenuhr, die Zeiger auf Noahs Geburtsstunde, darunter ein Banner mit seinem Namen und Datum auf dem Unterarm. Ich war begeistert und gleichzeitig am Boden zerstört. Es machte mir die Endgültigkeit einmal mehr deutlich. Mein Mann hatte spontan einen Termin für mich vereinbart. Was am Anfang nur ein Gedanke war, sollte nun auch bei mir Gestalt annehmen. Mit Feuereifer und Hingabe überlegte ich, was ich mir wo und wie vorstellen könnte. Die Entscheidungen machte ich mir nicht leicht. Es ging dabei nicht nur um die Endgültigkeit eines Tattoos, sondern auch um meinen Wunsch nach Perfektion. Noahs Andenken sollte makellos sein. Die Körperstelle war am schnellsten gefunden. Anfangs hatte ich an die linke Brustseite gedacht, angelehnt an eine Zeile eines Liedes Xavier Naidoos „deinen Namen trägt mein Herz". Doch dort habe ich bereits ein Tattoo. Ich entschied mich für die Innenseite des rechten Unterarms, denn ich wollte es jederzeit ohne Spiegel sehen können, es ohne Umstände zeigen, aber auch verbergen können. Je nach dem in was für einer Situation ich war. Das richtige Motiv war die größere Herausforderung. Auf keinen Fall sollte es etwas bereits Vorhandenes sein, nichts aus den Katalogen des Tätowierers. Es sollte so einzigartig sein wie mein Kind. Es sollte gleichzeitig zu ihm und zu mir passen. Ich zeichnete, überlegte, verwarf. Ich dachte an Sinnsprüche, an Zitate. Aber irgendwie schien das nicht angemessen. Dass mein Sohn kein irdisches Dasein leben durfte, machte es nicht einfacher. Was hätte ihm entsprochen, was hätte ihn ausgezeichnet, was hätte er gemocht? Schließlich manifestierte sich mehr und mehr der Schmetterling als mögliches Motiv in meinen Gedanken. Dieses wunderschöne, symbolträchtige Tier sollte auf jeden Fall involviert werden. Ich wurde von Tag zu Tag und von jeder zerknüllten Skizze zur nächsten sicherer. Ein Schmetterling, sein Name als Schriftzug und sein Datum sollten es sein. Es sollte filigran sein, einem zarten kleinen Baby entsprechend. Eines Nachts, schlaflos und aufgewühlt, wurde eine meiner Skizzen zur Endfassung. Ich fasste mir ein Herz und suchte den Tätowierer auf, um ihm meine Idee zu zeigen. Auf meine Bitte hin, das Ganze „in schön" umzusetzen, zeichnete er meine Skizze ab. Zu meiner Überraschung übertrug er den Namensschriftzug exakt in meiner Handschrift. Darüber hatte ich gar nicht nachgedacht, der Gedanke war mir nicht gekommen! Was für eine wunderbare Idee! Jetzt war es wirklich etwas Eigenes, Individuelles. Der Name meines schmerzlich vermissten Kindes in meiner Handschrift tätowiert. Ich fand es großartig. Ich fühlte mich befreit, als ich den Heimweg antrat. Ich hatte auf sonderbare Weise das Gefühl, etwas für ihn tun zu können. Seine Geburt lag mittlerweile ein halbes Jahr zurück, die Welt drehte sich unaufhaltsam weiter und ich konnte nicht mehr Schritt halten. So wenig hatte ich für ihn tun können, so begrenzt waren alle Aktivitäten. Ich feilte nicht weiter an dem Entwurf und wartete gespannt auf den Termin. Am 30. Juni, einem sonnigen Sommertag begab ich mich vertrauensvoll in die Hände des Tätowierers. Ich war aufgeregt, mir war ein bisschen mulmig zumute. Allerdings hatte ich weniger Angst vor etwaigen Schmerzen, als davor, dass das Tattoo nicht meinen Vorstellungen entsprechen könnte, dass es Noah nicht gerecht wird. Was, wenn der Tätowierer sich vertut, verschreibt, mit der Nadel ausrutscht? Er durfte das Andenken meines Kindes auf keinen Fall verunstalten.

Wir waren allein in dem Studio, denn eigentlich hatte er mittwochs Ruhetag. Eigentlich! Schnell sprachen wir noch alles durch, stimmten die Farbgebung ab und er machte sich an die Arbeit. Flink und geübt gab er meiner Idee Gestalt. Gebannt schaute ich zu, fasziniert vom Können des Tätowierers und total gefesselt davon zu sehen, wie eine wochenlang geplante Sache sichtbar wurde. Zu meiner eigenen Überraschung war ich in diesem Moment innerlich gefestigt, irgendwie geerdet. Im Grunde hatte ich befürchtet, dass meine Trauer mich beim Tätowieren überwältigt. Aber es war nicht so, im Gegenteil. Ein beruhigender Frieden erfüllte mich und ich hatte das Gefühl, alles richtig zu machen. Die Zeit verging wie im Flug und ich konnte das Ergebnis staunend betrachten. Alles, wie ich es mir vorgestellt hatte. Noahs Name, darunter sein Geburtsdatum eingerahmt von Schnörkeln, Ranken und Blättern. Darüber ein violetter Schmetterling. Perfekt! Ich fühlte mich leicht und gleichzeitig erschöpft. Meine Gedanken und Gefühle drohten wieder zu kippen. Auf der Liege des Tätowierers hatte sich alles so gut angefühlt. Kaum im Auto, krochen wieder die alt bekannten Emotionen in mir hoch. Verzweiflung und Trauer, Angst und Hoffnungslosigkeit. Es war mir fast, als würde das Schicksal mich lachend fragen: „Hast du etwa geglaubt, ein Tattoo ändert alles?" Zuhause angekommen bestaunte meine

Familie das frische Werk und ich fühlte mich langsam wieder etwas besser. In den nächsten Tagen bekamen viele Menschen in meinem Umfeld das Tattoo zu sehen. Die meisten Menschen äußerten sich positiv. Das Motiv gefiel, sie fanden die Idee eines Gedenktattoos gut. Manche sagten gar nichts. Aber auch das war ich mittlerweile gewohnt: die Armee der Sprachlosen. Einige äußerten sich kritisch und waren der Auffassung, dass die Idee ja grundsätzlich gut sei, aber die von mir gewählte Stelle nicht. Schließlich würde ich es ja immer sehen und somit ständig mit meinem Verlust konfrontiert werden. Ich ging nicht weiter darauf ein. Der Unterarm war bewusst gewählt, schließlich wollte ich es immer sehen können. Ich empfand und empfinde es oft als etwas Tröstendes. Mit dem Verlust ist man als trauernde, verwaiste Mutter doch sowieso tagein, tagaus konfrontiert. Aber wie sollten sie auch verstehen. Ich sparte mir jegliche Rechtfertigung. Wichtig war, dass ich damit zufrieden war. Im Laufe der Zeit hatte mich fast so etwas wie Alltag wieder. Alles hatte sich verändert, ich hatte mich verändert. Die Trauer um mein Kind war allgegenwärtig, aber ich hatte sie mehr und mehr in mein Leben integriert und lernte mühsam, mit ihr zu leben. Mein Weg ging und geht nicht immer geradeaus, mal geht es bergauf, mal bergab. Manchmal stehe ich im Stau, mal bin ich auf der Autobahn, von Zeit zu Zeit habe ich eine Panne, muss einen Reifen austauschen, Öl wechseln. Ab und an darf ich wieder auf einer sonnengefluteten Landstraße entlangsausen oder durch einen schönen, verwunschenen Wald fahren.

Immer bei mir mein Tattoo und somit ein sichtbares Zeichen der Existenz meines Kindes. Er ist mir buchstäblich unter die Haut gegangen. Immer wieder sprechen und sprachen mich Menschen auf mein Tattoo an. Oft waren es Kinder. Ich betreibe eine Nachhilfeschule und die meisten Schüler, die nach Noahs Tod zu mir in den Unterricht kamen, kannten meine Geschichte nicht. Sie sprachen mich ganz offen an, wollten wissen, was das für ein Tattoo sei und wer Noah ist. Sie kannten nur meinen Sohn, den ich fest an der Hand halte. Manche reagierten zuerst verwirrt, hörten sich aber interessiert alles an, schwiegen, dachten nach, stellten Fragen. Sie waren so herrlich offen, ohne Vorurteile und ohne gut gemeinte Ratschläge, die oft so weh tun. Sie nahmen es wie es war und sprachen in einer entwaffneten Ehrlichkeit und mit einer gesunden Portion Neugier mit mir über den viel zu frühen Tod meines Kindes.

Wir diskutierten über Gerechtigkeit und die miesen Verrate, die einem das Schicksal bescheren konnte. Es tat und tut mir auch nach mittlerweile fast fünf unfassbaren Jahren immer noch gut, über mein Kind sprechen zu dürfen. Über alles was ich mit diesem kleinen Wesen verbinde, was er mich gelehrt hat. Noah war und ist in mir. Ich freue mich, wenn jemand den Mut hat, seinen Namen zu nennen - auch wenn es gleichzeitig weh tut. Zu Beginn meines neuen Lebens nach der Stunde null, habe ich mal von einer inneren Kathedrale, in der Lichter für Menschen brennen gelesen. In meiner inneren Kathedrale brennen Lichter für all die, die den Mut haben Noahs Namen auszusprechen. Die ihn als tatsächlich existierenden Menschen wahrnehmen und mich so annehmen, wie ich jetzt nun mal bin, mich tragen, auch wenn ich vielleicht mal nicht tragbar bin. Meinen Schmerz und das große Leid aushalten und ernst nehmen. Mein Tattoo hat des Öfteren eine Brücke zwischen mir und anderen Menschen gebaut. Manche hatten das Interesse und vielleicht auch die nötige Traute, sich mir über diese Brücke ein Stück zu nähern. Andere haben direkt entsetzt das Geländer losgelassen und eiligen Schrittes eine andere Richtung eingeschlagen. Wiederum andere haben nur einen kleinen Blick riskiert. Ein paar Menschen haben die ganze Brücke überquert, auch wenn das Überqueren schwierig, von Höhen und Tiefen und vielleicht manchmal etwas wackelig war. Dafür bin ich sehr dankbar. Das Tattoo kann mir niemand nehmen, ich kann es auch nicht verlieren. Das beruhigt mich schon sehr. Denn bei Gegenständen, Schmuckstücken oder Dokumenten habe ich immer Angst, dass sie abhandenkommen oder zerstört werden. Zumal ich ja nicht viel von meinem Kind besitze. Es bedeutete mir in all seinen Details sehr viel. Der Schmetterling als Symbol der Metamorphose, als tragende Figur in vielfältiger Weise der Trauerarbeit. Er ist mein Sinnbild und steht für sein nicht gelebtes Leben hier bei uns, was nun in anderer Form fortgesetzt wird. Die Ranken, Schnörkel und Blätter symbolisieren für mich das Zarte, Zerbrechliche und gleichzeitig die Unendlichkeit und Lebendigkeit. Grün als die Farbe der Hoffnung, das Violette des Schmetterlings hat keine tiefere Bedeutung. Ich fand es einfach schön. Die Buchstaben in meiner Handschrift geben dem Tattoo das Besondere. Das Tattoo hat für mich nicht an Zauber verloren. Ich finde es nach wie vor sehr schön und kann mir zum heutigen Zeitpunkt nicht vorstellen, dass sich das einmal ändern könnte. Es ist mehr als ein modischer Trend oder eine Laune. Ich habe mein geliebtes Kind verewigen lassen. Ich trage es immer bei mir ... tief im Herzen und fest unter der Haut. Mal sichtbar für alle, mal gut verhüllt, geschützt. Ich kann es zeigen, wem ich will, aber es auch verstecken, wenn ich nicht möchte. Aber ich weiß, dass es immer da ist.

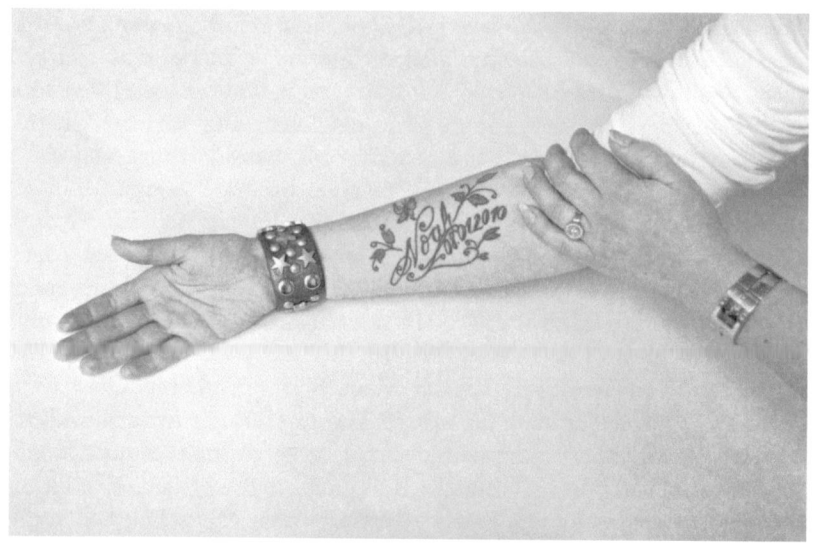

Das Tattoo war mit Sicherheit ein wichtiger Baustein meiner Trauerarbeit. Ich habe es ein gutes halbes Jahr nach Noahs Tod stechen lassen. Heute erinnert es mich daran, was ich seither geschafft habe, was ich überlebt und durchgestanden habe. Aber auch an das, was ich noch vor mir habe. Als mein stetiger Begleiter wird es mich auf eine gewisse Art immer stützen. Tattoos waren für mich schon immer ein Seelenspiegel, verraten oft Lebensgeschichten, Meinungen oder geben einen Blick auf Persönlichkeitsmerkmale in all ihrer Vielfalt frei. Das hat mich schon immer fasziniert. Ein Tattoo kann Gefühlen Ausdruck verleihen, sie sichtbar machen. Auf welche Art und Weise auch immer, mal traurig, mal schön und verspielt, manchmal vielleicht auch grotesk oder witzig. Ich bereue es nicht, die Liebe zu meinem Kind und die damit verbundene unsagbare Traurigkeit sichtbar gemacht zu haben. Es ist im wahrsten Sinne des Wortes ein Teil meiner selbst. Abgesehen von meiner eigenen Geschichte und Einstellung zu Tattoos, freut es mich aber auch, dass sie inzwischen mehr oder weniger salonfähig geworden sind und ihren schlechten Ruf ablegen konnte. Da ich eine selbstständige Tätigkeit ausübe, musste ich mir glücklicherweise keine Gedanken über Reaktionen eines Arbeitgebers machen. Ein positiver Nebeneffekt. Während ich diese Zeilen schrieb, war ich auf einer Zeitreise. Zurückversetzt zu den Anfängen. Manchmal habe ich gedacht, ich hätte meine Tränen bereits geweint. Ich hatte mich getäuscht, aber jede Träne, die bei der Umsetzung dieses Kapitels geflossen ist, war Balsam für die Seele. Ich habe mich meinem Kind so nahe gefühlt und ich freue mich, dass ich seine Geschichte hier erzählen durfte. Wie das Tattoo, sei dies ihm gewidmet.

Noah - unendlich geliebt und vermisst.

Alex mit Nick und Nele - unserem Folgewunder - fest an der Hand und Noah tief im Herzen.

Alexandra P.

Sarah P.
*10.03.1988 +31.10.2009

An einem verschneiten Donnerstag wurdest du in diese Welt geboren.
In einer dunklen Samstagnacht musstest du in eine andere Welt gehen.

Manchmal weiß ich gar nicht mehr, was dazwischen war. Ich habe das Gefühl, dass meine Erinnerungen verblassen.

Ich werde noch verrückt.

Oh nein, ich darf nichts vergessen. Keinen einzigen Augenblick mit dir. Endlich ist der Tag vorbei, ich vergrabe mein Gesicht in dein Schlafkissen, sauge diesen vertrauten Geruch auf. Und dann träume ich mich zurück in unsere gemeinsame 21-jährige Welt.

Wir haben so viel erlebt zusammen. Kindergarten, Schule, Ausbildung, Arbeitsstelle, deine erste Liebe, Glück und Traurigkeit. Den Tod deiner Oma, deine erste eigene Wohnung und und und.

Erinnerungen zerreißen mich jedes Mal, weil mir dadurch bewusst wird, dass keine Neuen mehr dazu kommen.

In der ersten Zeit glaubte ich, ich könnte das alles irgendwie rückgängig machen.

Auch jetzt bist du doch nur im Urlaub und kommst bald nach Hause, oder?

Kurz nachdem du verreist bist, holte ich mir einen Termin in einem Tattoostudio von dem ich wusste, dass dort sehr gute Porträts gestochen werden.

Ich war ziemlich aufgeregt und erwartungsvoll. Wie du dich wohl anfühlst? - wieder unter meiner Haut.

Körperliche Schmerzen hatte ich keine, trotzdem liefen mir beim Tätowieren stundenlang die Tränen über mein Gesicht.

Irgendwann war es geschafft. Ich hatte das Gefühl, dass ich dich ein Stück zurück geholt habe.

Es machte mich natürlich sehr stolz. Wenn Leute mich fragen, wer das auf meinem rechten Oberarm ist und ich dann antworte:
„Das ist meine Tochter."

Schwieriger wurde es, im Laufe der Jahre die Frage nach dem Alter zu beantworten. Du alterst ja nun nicht mehr ...

Ein Tattoo reichte mir aber nicht aus. So kam es, dass ich in drei Jahren beide Arme zum Thema:

 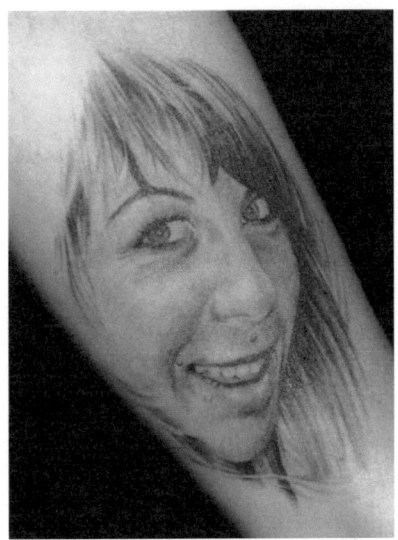

„Sarah, im Leben und im Tod" mit bunter Tinte verschönern ließ.

Öfter versuche ich, die Frage nach den Schmerzen beim Tätowieren zu beantworten.

Ich weiß, dass es bei einer verwaisten Mutter anders ist.
Spüre ich den Schmerz der stechenden Nadeln in meiner Haut, wenn mein Herz blutet?

Manchmal schon. Dann rollen Tränen über die Wange und tropfen auf die frische Tinte, aber es verläuft nichts.

Deine beiden Porträts sind für mich die wichtigsten Tattoos, abgesehen von dem Auszug aus einem deiner Geburtstagsbriefe an mich:

„Deine Dich immer liebende Tochter Sarah"

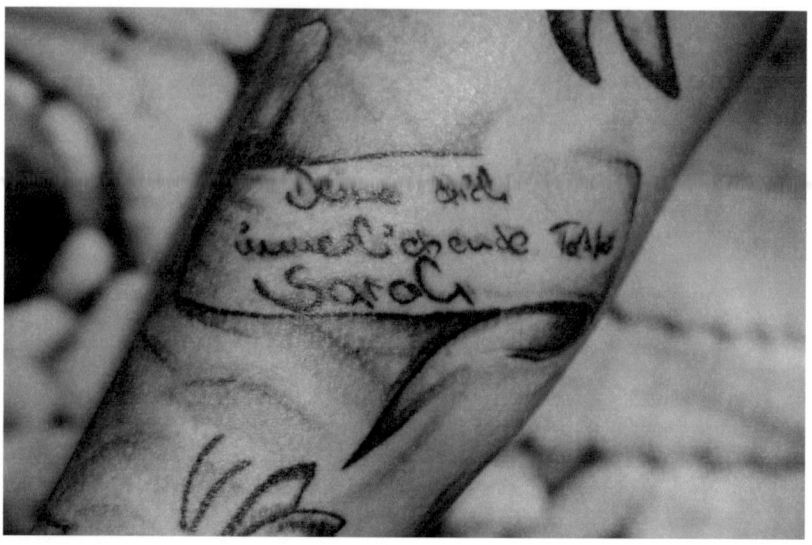

Mehr geht doch wirklich nicht!
Und ich, meine Prinzessin, werde immer deine dich liebende Mama sein.

Christiane S.

Sarah W.

*07.11.1986 +18.03.2007

Da wo ich bin - bist auch du
Da wo du bist - werde ich sein.
Eines Tages werden wir wieder sein
Für immer vereint - in unserer
Unendlichen Liebe.
Deine Mama

Es geschah an einem Sonntag, am 18. März 2007. An diesem besagten Sonntag wurde uns das Liebste, das wir hatten, genommen.

Meine geliebte Tochter wurde an diesem Sonntag um 11.30 Uhr mit gerade 20 Jahren bei einem unverschuldeten Verkehrsunfall getötet. Sie hatte alles richtig gemacht und war dennoch sofort tot. Wie so oft hatte der Verursacher einen Schutzengel und überlebte.

Ich habe zwei Kinder aus meiner ersten Ehe, Laura, die Ältere, die 2007 mit 26 Jahren nicht mehr zu Hause wohnte und Sarah, unser Nesthäkchen, die mit 20 Jahren gerade dabei war sich langsam auf eigene Beine zu stellen. Sie wohnte noch zu Hause bei mir und meinem jetzigen Mann. Sarah wollte schon immer, dass es mir und ihrer Familie gut geht. Wir hatten auch eine ganz eigene besondere Bindung zueinander. Sarah war schon immer ein Sonnenscheinkind. Mit ihrem bezaubernden Wesen, ihrem einzigartigen Lachen und ihren strahlenden Augen konnte sie jeden für sich gewinnen. Sie musste nur einen Raum betreten - ohne Worte - und schon war der Raum gefüllt und durchflutet mit Sarah.

Dann kam dieser Sonntag. Es war 13.30 Uhr, als dieser unglaubliche Albtraum begann. Polizei, Seelsorger, die Eltern von Sarahs Freund, ihr Freund selbst, alle stehen da und sagen dir: „Ihr Kind wurde bei einem Verkehrsunfall getötet!" Hören, verstehen, begreifen, all das funktionierte nicht mehr, urplötzlich war alles unwirklich. Ich wollte und konnte es nicht glauben, ich verstand gar nichts. Ich wollte nur zu meinem Kind. Wenn ein Kind krank ist oder wenn es ihm nicht gut geht, dann braucht es doch seine Mama. Mein Kind musste ganz alleine sterben. Ich konnte es einfach nicht glauben, doch ich durfte nicht zu ihr gehen, durfte sie nicht in den Arm nehmen, sie trösten, bei ihr sein, ihre Nähe spüren, ihr sagen: „Sarah, Liebes, ich bin doch da, ich bin bei dir. Hab keine Angst. Alles wird wieder gut!" Zwei Stunden nach der Nachricht durfte ich dann endlich zu ihr. Zusammen mit dem Seelsorger brachten sie uns zu unserem Kind in die Aussegnungshalle. Dort konnte ich mein geliebtes Kind in die Arme nehmen.

So ist es gekommen, dass es für mich ein Leben vor dem 18. März 2007 gegeben hat, mit meinem Sonnenschein und ein Leben nach dem 18. März 2007, mit meinem Sonnenschein im Herzen und mit meinen Erinnerungen, die nun langsam, ganz sachte und vorsichtig an die Oberfläche kommen. Mittlerweile - wir haben nun 2014 - kann ich mich ganz leise freuen. Doch richtige echte Freude kann ich nicht mehr empfinden. Ich bin mir auch gar nicht sicher, ob ich mich überhaupt noch freuen möchte. Oft höre ich von Freunden und Bekannten, du hast ja noch eine Tochter. Oh ja, ich habe noch eine Tochter, auf die ich auch sehr stolz bin und die ich auch sehr lieb habe, deshalb möchte ich sie auch hier erwähnen. Doch mit ihr kann ich sprechen, sie hören und sie fühlen, sie riechen, in den Arm nehmen, das alles kann ich mit meiner Sarah nicht mehr. Ich vermisse sie so sehr. Ohne meinen geliebten Mann an meiner Seite wäre ich heute nicht hier an diesem Platz. Er hat die ganzen Jahre mit mir erlebt und durchlebt, was ganz sicher nicht einfach für ihn war. Ich danke dir aus tiefstem Herzen, dass du immer an meiner Seite warst und auch heute noch bist.

Bei uns brennt jeden Tag eine Kerze für unser Liebes, jeden Tag gehe ich an ihr Grab, einfach um zu sehen, ob alles in Ordnung ist. Ich kann ja nicht mehr viel für sie tun. Dann kamen die ersten Todestage, die ersten Geburtstage, Grabstein für dich aussuchen - es sollte der schönste sein -, Ostern, Weihnachten, Geburtstagsfeiern, Hochzeiten, du wurdest Tante; wir haben eine Patenschaftsurkunde in der Sternwarte machen lassen über einen ganz bestimmten Stern, der nun deinen Namen trägt, Ringe, in die dein Name graviert wurde, ein Amulett mit deinem Foto. Bilder von dir im ganzen Haus, Engel, Sterne und Herzen.

Einige unserer Bekannten können es bis heute nicht verstehen, dass bei uns im Haus überall Bilder von Sarah hängen. Das ist uns jedoch ganz gleich; die, die es nicht ertragen können, unser Liebes zu sehen, sollen ganz einfach fern bleiben. Ich bin so stolz auf mein geliebtes Kind. Überall Sarah, unendliches Vermissen, unendlicher Schmerz, unendliche Tränen, unendliche Sehnsucht, unendliche Liebe. Nichts mehr außer Bildern und Erinnerungen. Meine Gedanken kreisen nur noch um meine Tochter. Abends Sarah, nachts Sarah, morgens gleich wieder oder immer noch Sarah. Es kamen auch Wut, Hass und Zorn auf den, der mein Kind getötet hat, immer wieder warum? Warum du? Was konnte ich noch für dich tun? Ich würde alles für dich tun, dir mein Leben geben, ohne Wenn und Aber. Ich liebe und vermisse dich unendlich. Im Jahr 2008 bekam ich beinahe Panik, ich hatte nur den Gedanken, irgendwas für dich zu tun. Die Ideen gingen mir langsam aus. Jeden Tag hab ich dir Blumen gebracht, geschaut, dass immer eine Kerze bei dir brennt, auch im Haus brennt bis heute jeden Tag eine Kerze. Eines Tages kam mir ein Gedanke, eine Erinnerung. Sarah hatte sich an ihrem Knöchel am Fuß ein Tattoo stechen lassen, damals war ich dabei gewesen. Nun wollte ich unbedingt dieses Tattoo haben. Doch Sarah hatte sich dieses Tattoo selbst entworfen. Bis heute kann ich mich nicht mehr daran erinnern, wie es ausgesehen hat. Ich war am Verzweifeln, dieses Tattoo wollte ich so gerne haben, schon der Gedanke, es auf meiner Haut zu tragen, war unbeschreiblich. Den Tätowierer von damals, den gab es jedoch nicht mehr. Ich hatte auch kein Foto und auch keine Zeichnung von ihrem Tattoo. So musste ich schweren Herzens damit abschließen. Im Jahr 2009 setzte sich dann ein Gedanke in mir fest, vielleicht wurde er mir auch zugetragen. Ich wollte nun ein eigenes Tattoo haben, ein Sarah-Tattoo.

Endlich hatte ich wieder eine Aufgabe. Ich konnte nun doch noch etwas für mein geliebtes Kind tun. Ein Tattoo auf meiner Haut. Schmerz war überhaupt kein Gedanke. Meine Gedanken kreisten nun nur noch um Sarah und das Tattoo. Ich wollte es am liebsten sofort haben. Mein Mann war auch gleich dafür, er wollte dasselbe haben wie ich. Das rechne ich ihm hoch an, da er ja nicht der leibliche Vater von Sarah ist. Nur was für ein Tattoo sollte es sein? An welcher Stelle wir es haben wollten war uns recht schnell klar. Am rechten Innenarm - Richtung Handgelenk. Aber was für ein Tattoo? Nun begann das große Überlegen. Ich schaute mir viele Tattoos im Internet an, druckte einige Seiten mit Tattoos aus, zeichnete selbst verschiedene Motive. Doch nichts war passend.

Ich wollte doch etwas Einzigartiges, ganz Besonderes haben - so wie mein Kind war -. Das Tattoo sollte für mich unsere besondere Bindung noch enger machen. Nach - wieder mal - einer schlaflosen Nacht war es mir urplötzlich klar: Ein Sternchen sollte es sein, ein zartes kleines Sternchen. Ich schaute mir viele Sterne an, doch keiner war mir schön genug für meine Tochter. So zeichnete ich eines Tages selbst einen Stern. Ein ganz schlichtes Sternchen. So ganz war ich aber nicht zufrieden mit der Wahl, mir fehlte etwas, das war mir zu wenig, das Tattoo war so nicht komplett. Da kam ich auf den Gedanken, ich wollte nun auch Sarahs Namen haben, in chinesischen Zeichen. Das sollte unsere eigene Bindung zu unserem Kind sein. Damals, 2009, dachten wir, es muss ja nicht gleich jeder wissen, was dieses Tattoo für eine Bedeutung hat, wir wollten es auch ganz für uns alleine haben. Wir redeten mit niemandem darüber. Es war wie ein kleines Geheimnis. Bis wir dann einen Termin und alles ausgesucht und aufgezeichnet hatten, dauerte es schon noch einige Zeit. Dann kam uns noch der Gedanke, es an Sarahs 23. Geburtstag stechen zu lassen, es sollte unser Geschenk für sie sein. Als es dann soweit war, war ich doch sehr aufgeregt, ich denke, mein Mann auch, er hatte ein wenig Sorge um mich, ob ich es schaffen würde. Ich hatte mir vor Jahren schon einmal ein Tattoo stechen lassen. Damals ging es mir nicht gut dabei, der Schmerz war unerträglich, mein Kreislauf kippte weg, es mussten Pausen gemacht werden. Ich habe damals gedacht, dass ich es nicht aushalte, da mir immer wieder übel wurde.

Doch dieses Mal war es etwas ganz anderes, ein anderes Empfinden, ich wollte dieses Tattoo unbedingt haben. An den Schmerz hatte ich keinen einzigen Gedanken. Denn es gibt keinen größeren Schmerz, als sein Kind nicht mehr zu haben, da gibt es keinen Vergleich, es ist alles auszuhalten; nur sein Kind zu verlieren, das ist fast nicht auszuhalten, das ist unerträglich und eigentlich auch nicht in Worte zu fassen … Ich war so unglaublich stolz, als ich dann mein Tattoo hatte. Es war vollbracht. Mein Mann hat es sich am selben Tag auch stechen lassen. Wie immer war er an meiner Seite. So hatten wir beide nun unsere gemeinsame, innige, spürbare Bindung zu unserem Kind. Doch im darauf folgenden Jahr kam mir immer mehr der Gedanke, dass ich auch Sarahs Namen ausgeschrieben haben wollte. Jeder sollte nun ihren Namen sichtbar auf unserer Haut sehen. Und so entschieden wir uns gemeinsam unter unser Tattoo noch Sarahs Namen in Buchstaben stechen zu lassen.

An ihrem 24. Geburtstag im Jahr 2010 war es dann endlich komplett … Sarahs Name stand in Buchstaben geschrieben unter dem ersten Tattoo. Wieder bei uns beiden. Nun waren wir wieder eins. Unser Tattoo war vollkommen, einfach nur wunderschön. Es gibt es nur zweimal, bei meinem Mann und bei mir. Wenn ich meine linke Hand auf mein Tattoo lege, ganz zart, dann spüre ich meinen Puls, wenn es mir nicht gut geht oder wenn ich an mein Liebes denke, so habe ich das Gefühl, meinem Kind ganz nahe zu sein, Sarah ganz fest mit meiner Liebe zu umschließen. Das gibt mir unendlich viel, denn es ist das Einzige was ich spüren kann. Meine über alles geliebte Tochter auf meiner Haut, unter meiner Haut und vor allem für immer in meinem Herzen.

Petra M.

Stella Katharina L.

*26.08.2009 +10.08.2013

Der 26. August 2009 war einer der schönsten Tage in unserem Leben.
Es war der Tag, an dem unsere kleine Prinzessin Stella Katharina geboren wurde.

Stella war unser erstes Kind und von Anfang an ein absolutes Wunschkind der gesamten Familie.

Schon als Baby zog sie viele Menschen in ihren Bann, sogar solche, die eigentlich mit Kindern rein gar nichts anfangen konnten. Sie verstand es schon von Geburt an, jeden um den kleinen Finger zu wickeln. Dieses Talent hat sich Stella bis zum letzten Tag bewahrt. Auch mein damaliger Physiotherapeut, den Stella in kürzester Zeit um den Finger wickelte, hat seinen Sohn angewiesen, dass er ein Enkelkind wie Stella haben will und kein anderes.

Um Stella zu beschreiben, haben wir viele Verwandte und Freunde gefragt, was in ihren Augen Stella ausmachte.

Als Erstes kam immer die eine Antwort:
„Sie war ein besonderes Kind - ein warmherziger hübscher Engel!"

Einmal in diese warmherzigen, tiefgründigen, braungrünen Augen geblickt, war man schon in ihren Bann gezogen. Diese Augen wussten mehr als man selbst in seinem Leben je erlebt hat und trotzdem waren sie voller Lebensfreude.

Mein Mann hatte mal gesagt, dass er sich diese Augen tätowieren lassen will, aber er dachte immer, dass es niemand so lebensnah tätowieren könnte.

Mit ihrer Feinfühligkeit erkannte Stella sofort, wie man sich selbst fühlte und munterte einen auf. Sie mochte es nicht, wenn jemand traurig war oder sogar weinte.

Ihre Fröhlichkeit schien unersättlich und man wurde von dieser ganz von alleine mitgezogen. Ihre Lebensfreude strahlte nicht nur innerhalb unserer Familie, auch Freunde stellten diese fest. Stella hat alle damit angesteckt und jeder, der Stella kennt, zehrt noch heute von der Lebensfreude und weiß, dass er jeden Moment genießen soll, ganz egal wie die Situation gerade ist.

Bereits als Kleinkind hatte sie eine sehr starke Persönlichkeit entwickelt. Es war schwierig, ihr etwas vorzumachen, da sie einen sofort durchschaute. Obwohl Stella grundsätzlich sehr offen auf Menschen zuging - Fremdeln kannte sie nicht - mied sie jedoch Menschen, die einem nicht gut tun und zeigte gute Menschenkenntnis. Sie ging solchen Personen einfach aus dem Weg.

Natürlich war Stella hin und wieder dickköpfig, stellte vieles an, wie das komplette Kinderzimmer inklusive ihrer selbst mit blauer Fingermalfarbe anzumalen, ihre Kindergärtnerin auf Trab zu halten und vieles mehr. Aber trotzdem schaffte sie es mit diversen Kommentaren, dass man ihr nicht böse sein konnte.

Man konnte sie auch nicht wirklich ausschimpfen, da sie aufgrund ihrer extremen Tierliebe eine sehr wachsame Beschützerin hatte: Roxy - eine Langhaardackelhündin, die nach dem Verlust von Stella selbst erkrankte und seither nicht mehr dieselbe ist.

Man konnte von Stella alles haben, außer ihren Plüschhasen. Da dieser Plüschhase aufgrund der alltäglichen Torturen starke Gebrauchsspuren aufwies, suchten wir wochenlang überall nach diesem speziellen Hasen. Letztlich kontaktierten wir die Herstellerfirma, von der wir erfahren mussten, dass die Produktion eingestellt wurde. Aber eine verständnisvolle Frau sendete uns dann den Prototypen zu.

Wir wollten dann einmal den Hasen austauschen, um den alten zu reinigen, aber Stella lehnte es kategorisch ab den sauberen zu nehmen, da dies nicht ihr Hase war. Der Hase ist immer noch bei ihr.

Da Stella so einen speziellen Bezug zu dem Plüschhasen hatte, wird sich ihr Papa diesen definitiv tätowieren lassen.

Auch entwickelte sie eine extreme Leidenschaft zur Minnie Mouse. Es kam dann so weit, da man ja seine Tochter nicht verzog, dass sie so beinahe alles von Minnie Mouse hatte. Obwohl diese damals nicht so die Mode war, zog sie nur noch Minnie Mouse-Sachen an, von der Unterhose bis zur Jacke.

Komischerweise kam Minnie Mouse, nachdem uns Stella verließ, erneut total in Mode.

An jeder Ecke waren Artikel von Minnie Mouse. In der ersten Zeit „danach" gab es mir jedes Mal einen Stich ins Herz, wenn ich diese sah. Inzwischen muss ich lächeln, denn ich werde dann immer daran erinnert, dass sie trotz allem immer noch bei uns ist, wenn auch auf eine andere Art und Weise.

Im April 2012 war unser Glück als Familie dann perfekt, unsere zweite Tochter Fabienne wurde geboren und Stella war nun die stolze große Schwester, die allen erzählte, dass Fabienne ihre kleine Schwester ist. Es war eine wunderschöne Zeit, die wir um nichts in der Welt missen möchten. Wir haben viel von unseren beiden Mädchen gelernt und wir lernen immer noch von ihnen dazu. Noch im Krankenhaus wurden von unseren zwei Prinzessinnen Fotos gemacht. Darunter war auch ein Foto von den Händen der beiden, auf dem sie sich gegenseitig hielten. Dieses Foto trägt ihr Papa jetzt auf der Brust in Originalgröße tätowiert.

Im Juni 2013 ließ ich mir auf meinem linken Oberarm die Namen meiner beiden Prinzessinnen mit einer Krone und einem Stern tätowieren. Als Stella die Tätowierung sah, fragte sie mich: „Die Krone hast du dir stechen lassen, weil ich deine Prinzessin bin, oder?" Da ich dies bejahte, meinte sie: „Auf den anderen Arm muss dann die Minnie Mouse!"

Zum damaligen Zeitpunkt dachte ich nur, dass ich mir nie etwas in dieser Stilrichtung stechen lassen würde und bejahte dies, damit Stella zufrieden war. 16 Monate lang durften wir unser Glück genießen, zwei wundervolle Töchter an der Hand zu haben.

Im Nachhinein stellten wir fest, dass Stella ihr baldiges Vorausgehen ankündigte.

So fragte sie mich ca. 14 Tage vorher, Ende Juli 2013, als ich sie zu Bett brachte, völlig überraschend: „Mama bist du traurig, wenn ich tot bin?" Total perplex über diese Frage lief es mir eiskalt den Rücken herunter. Wie kommt eine fast Vierjährige auf so eine Frage, wenn sie mit diesem Thema eigentlich nichts zu tun hatte? Ich weiß es bis heute nicht. Am Donnerstagvormittag gab Stella ihrem Papa ihren Plastikring, welcher ihr wichtig war, mit den Worten „Papa, pass' gut auf den Ring auf!". Normalerweise hat sie abends immer „Gute Nacht" gesagt, aber am Donnerstag vor dem Schicksalstag, wollte sie absolut nur „Tschüss" zu meinen Freundinnen sagen, welche abends zu Besuch waren.

Am Freitagabend sagte Stella am Telefon zu ihrem Opa, dass er sie am nächsten Tag nicht besuchen muss, da sie jetzt schlafen muss. Danach sagte sie zu mir „Mama, pass' gut auf meine Minnie Mouse-Sachen auf!".

Das war das Letzte, was sie zu mir sagte, denn in dieser Nacht verabschiedete Stella sich für immer von uns. Samstag früh morgens hörte ihr wundervolles Herz einfach so für immer auf zu schlagen. Sie ging von uns durch ein plötzliches Herzversagen 16 Tage vor ihrem 4. Geburtstag. Für uns brach an diesem Tag unsere kleine heile Welt zusammen.
Dass sich dadurch unser Leben schlagartig verändert hat, brauche ich erst gar nicht weiter auszuschmücken. Es ist jetzt alles anders und wird auch anders bleiben. Aber Stella ist trotz alledem immer bei uns. Wir versuchen unser Leben so zu leben, dass sie stolz auf uns sein kann. Es ist jeden Tag eine Herausforderung, der wir uns leider stellen müssen. Alleine schon we-

gen ihrer kleinen Schwester müssen wir stark sein. Fabienne hat jetzt den besten Schutzengel, den man sich wünschen kann: ihre große Schwester. Durch die letzten Worte von Stella fasste ich im September dann auch den Entschluss, mir ein richtiges Gedenktattoo machen zu lassen.

Im Sommer 2013 wurde auf dem Disney-Channel die Sondersendung „Minnierella" ausgestrahlt und da war Stella total hin und weg. Deshalb musste es eine „Minnierella" sein. In den Schuhen wurde das Unendlichkeitssymbol eingearbeitet, das die unendliche Liebe von mir zu Stella symbolisieren soll. Die Krone hat vier Spitzen, eine pro Lebensjahr, das ich mit Stella verbringen durfte.

Später wurde noch der auch geplante „gefallene Engel" hinzugefügt, welcher die ständige Traurigkeit über meinen verlorenen Engel widerspiegeln soll. Um das Tattoo etwas aufzulockern, kam noch eine Hibiskus-Blüte dazu, da Stella es liebte unseren Hibiskus-Strauch zu rupfen.

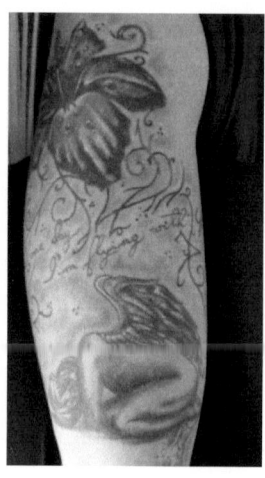

Und da ich absolut überzeugt bin, dass unsere vorausgegangenen Kinder immer bei uns sind und ich eines Tages wieder mit Stella vereint sein werde, schien mir auch der Gedanke „One day I'm flying with you" sehr treffend. Dieser Satz steht in Deutsch auch auf dem Grabstein von Stella.

Meine geliebte Prinzessin Stella,
ganz egal, wo Du jetzt auch bist, ich weiß ganz sicher, eines Tages werden wir uns wieder sehen, und bis dahin werde ich Dich jede Sekunde bei mir tragen.

Zuerst spürte ich nur einen stechenden Schmerz, wenn ich zurück dachte an unsere gemeinsamen glücklichen Stunden. Ich konnte es kaum ertragen, die Fotos von Dir anzusehen und tat es doch wieder und wieder. Diese gemeinsamen Momente mit Dir kann mir keiner nehmen und sie werden mir immer in wunderschöner Erinnerung bleiben. Jedes Bild von Dir erzählt mir eine Geschichte und das ist es, was mich stark macht, um den Schmerz zu ertragen. Inzwischen gibt es neben dem Schmerz noch ein anderes Gefühl:

Dankbarkeit - für eine wunderbare schöne Zeit mit Dir, mit allen Höhen und Tiefen, die das Leben so brachte. Danke, dass ich Deine Mama sein darf und dass Du mir gezeigt hast, worauf es im Leben wirklich ankommt. Vieles in meinen Leben wäre ohne Dich nicht möglich gewesen. Ich hätte Dir so gerne noch so viel gezeigt, aber leider dachte ich immer: „Wir haben ja noch Zeit!" Hätte ich doch nur geahnt, wie nah der Tag X schon ist, hätte ich mit Sicherheit einiges anders gemacht. Ich trage meine Tätowierungen voller Stolz, da sie von Dir erzählen und ich ständig daran erinnert werde, dass Du immer bei mir bist.

Die Erinnerung an Dich und an all das, was ich von Dir empfing und gelernt habe, hält Dich immer lebendig in mir.

In unendlicher Liebe
Deine Mama

Melanie L.

Steven S.

*18.03.1995 +06.04.2013

Hallo, mein Name ist Marion D. Ich bin 39 Jahre und war bis zum 06. April 2013 alleinerziehende Mama von vier tollen Kindern. Aber an diesem Tag änderte sich das Leben von mir und meinen Kindern Tammy, Jamie und Cheyenne auf einen Schlag. Von gleich auf jetzt waren wir nur noch zu viert. Mein ältester Sohn Steven entschied sich an diesem Tag, etwa drei Wochen nach seinem 18. Geburtstag, sein Leben zu beenden.

Für uns alle steht seither die Welt still und wir kämpfen uns Tag für Tag ins Leben zurück. Das ist aber eine andere Geschichte und gehört hier nicht hin. Aber Steven ist immer bei uns, in unseren Herzen und mittlerweile auch teilweise auf unserer Haut. Und wie es dazu kam, möchte ich euch gerne erzählen.

In den ersten Wochen und Monaten nach Stevens „Weggehen" war alles nur leer und schwer zu ertragen. Ich wünschte mir nichts sehnlicher, als mein Kind wieder bei mir zu haben. Aber das Bewusstsein, dass dies nie mehr sein wird, machte sich immer breiter, und ist bis heute immer noch schwer zu ertragen. Ich beschloss für mich, mir etwas von ihm, auf meinem Körper für immer verewigen zu lassen. Steven ist in meinem Herzen, aber er sollte auch einen Platz haben, an dem jeder „Ihn" sehen kann.

Die Frage stellte sich nur: Was sollte es sein? Sein Name mit einem Motiv? Nein, das wollte ich nicht! Das wäre nicht er gewesen. Ich fing an, die Ordner mit den Bildern die Steven gemalt hatte durchzusehen. Malen war seine Leidenschaft und ich hatte einige Ordner und Blätter mit Bildern, die er entworfen hatte vor mir. Beim Durchblättern fand ich einige schöne Motive, die mir gut gefielen, aber ich war von keinem richtig überzeugt. Also setzte ich mich abends mit meinen beiden Großen Tammy und Jamie zusammen, um mit ihnen über mein Vorhaben zu sprechen. Sie fanden es eine gute Idee und so war es für mich in Ordnung, da es mir auch wichtig war zu wissen, wie sie dazu stehen. Was aber das Motiv betraf, da war bis dahin auch noch keine Entscheidung gefallen. Ihnen gefielen zwar die Vorlagen, aber keine war dabei, von der auch sie gesagt hätten, das ist es. Aber es sollte wohl auch nicht sein, denn ein paar Tage später hatten wir abends Besuch von Stevens besten Freunden Dominik und Svenja. Wie so oft in der letzten Zeit, nach Steven Tod. Bei dieser Gelegenheit erzählte Tammy von meinem Vorhaben mit dem Tattoo. Auch Dominik und Svenja fanden die Idee super und Dominik erzählte uns, dass er zu Hause noch eine Vorlage eines Tattoos, welches Steven kurz vor seinem Tod entworfen hatte, um es sich selber stechen zu lassen, habe. Er hatte es ein paar Tage vorher bei ihm gemalt und dort liegen lassen, da er noch mit dem Roller unterwegs war und es nicht unterwegs verlieren wollte. Ich wusste zwar, dass er sich ein Tattoo machen lassen wollte nach seinem 18. Geburtstag, aber ich wusste nicht, dass er sich sein Motiv schon entworfen hatte. Also fragte ich Dominik, ob er mir die Vorlage vorbeibringen würde. Das tat er dann ein paar Tage später auch. Da war sie nun! Ich hielt dieses Blatt Papier in den Händen. Stevens letzte Zeichnung, seine Handschrift, ich spürte die Liebe, die er in die Zeichnung gelegt hatte. In diesem Moment wusste ich es. Das wird mein Tattoo! Sein Tattoo sollte meines werden. Auch Tammy und Jamie waren sofort damit einverstanden. Also stand es fest. Das Motiv war da. Ein paar Tage danach kam Tammy zu mir. Sie hatte eine Vorlage für ein Tattoo erstellt. Eine Feder mit Stevens Name, Geburtstag und Todestag. Sie bat mich, ihr zu erlauben sich dieses stechen zu lassen. Bei allem anderen hätte ich Nein gesagt, aber ich wusste, wie wichtig es für sie war und so gab ich mein Okay. Jetzt war alles klar, es würde zwei Tattoos geben und wir würden in den nächsten Tagen zu meiner Tätowiererin fahren, um einen

Termin mit ihr auszumachen. Leider kam es in den Tagen darauf nicht dazu, dass wir einen Termin machen konnten, da ich arbeitsmäßig viel um die Ohren hatte.

Es verging einige Zeit und ich war mal wieder abends dabei, Stevens Sachen zu durchstöbern, einfach nur, um ihm nahe zu sein. Als mir wieder der Block, auf dem er ein paar Sprüche hinterlassen hatte, in die Hände fiel. Da war er wieder dieser eine Spruch, der mir einfach nicht aus dem Kopf gehen wollte:

Nun stand ich da in seinem Zimmer mit diesem Satz in der Hand und auf einmal wusste ich es. Dieser Spruch in seiner Handschrift unter seinem Tattoo. Meine Entscheidung war gefallen. Jetzt wollte ich keine Zeit mehr verlieren und so machten Tammy und ich uns ein paar Tage später auf den Weg zu Verena ins Tattoostudio. Dort angekommen erzählte ich Ihr, was wir wollten und aus welchen Gründen. Es sollte keine Änderungen an der Vorlage geben und das war für Verena kein Problem. Auch Tammys Wunsch nach Ihrem Tattoo schenkte sie Verständnis, und nach ein paar konkreten Fragen und einer kleinen Änderung an der Vorlage, war auch diese Hürde genommen. Nun kam die Frage nach einem passenden Termin, für uns spielte der Tag keine Rolle, wir sagten, dass wir uns da ganz nach Verena richten könnten. Und dann kam etwas, womit keiner gerechnet hätte. Verena sah ihren Terminkalender durch und sagte: „Wie sieht es bei euch am 18.03.2014 aus?"

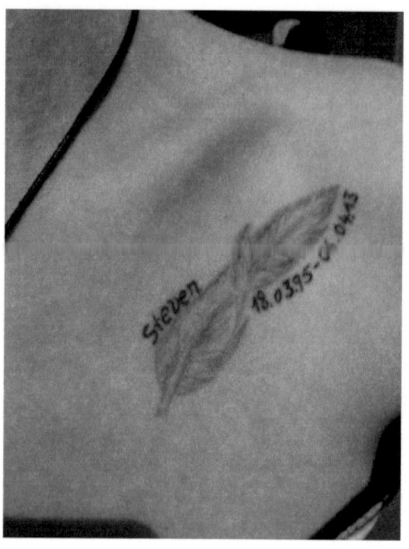

Der 18.03. Stevens Geburtstag! Tammy und ich sahen uns an, wir waren uns einig, das sollte so sein. Auf unsere Reaktion hin sagte Verena, es wäre schon okay, wenn wir lieber einen anderen Termin haben wollten, sie könnte es verstehen und es wäre von ihr keine Absicht gewesen. Aber wir wussten, es war okay und es sollte dieser Tag sein. Für Tammy und mich war es das Einverständnis von Steven. Bis zu unserem Termin vergingen noch ein paar Wochen und wir sprachen öfter darüber, wie seltsam doch manche Dinge sind und wie das mit dem Termin zustande kam. Ob es nun Zufall war oder nicht, spielte für uns keine Rolle, wir waren uns sicher, dass es für uns das Okay von Steven war. Es war seine Art uns zu sagen, es ist in Ordnung. Der 18.03.14 kam und Tammy und ich fuhren ins Tattoostudio. Dort angekommen war Tammy dann zuerst an der Reihe. Nach einer kurzen Pause kam ich dann dran. Stevens letzte Zeichnung und seine Botschaft an uns alle. Er ist immer in unserem Herzen und dort wird er auch immer bleiben bis zur letzten Stunde. Aber er ist jetzt auch dort, wo ihn jeder sehen kann - auf unserer Haut. Unvergessen und immer geliebt. Mit einer Botschaft an jeden, der es versteht. Aber ich habe auch meine drei anderen nicht nur in meinem Herzen, sondern habe mir auch noch ihre Namen

zusammen mit seinem auf meine Unterarme stechen lassen. Tammy und Steven rechts und Jamie und Cheyenne links.

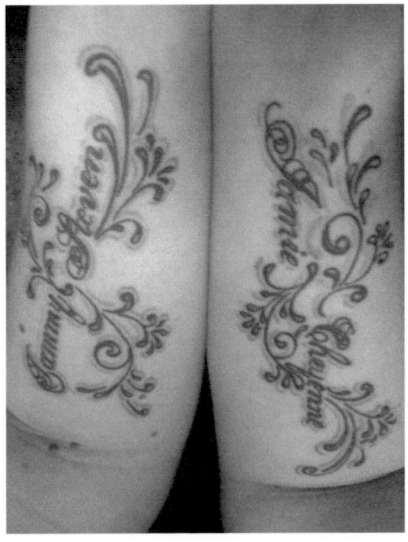

Ich habe vier Kinder und das wird immer so bleiben ...

Marion D.

Thomas „Tommsen" C.

*30.06.1981 +06.10.2013

Thomas, der Älteste meiner drei Söhne, machte sich am Sonntag dem 6.10.2013, gegen vier Uhr morgens auf den Weg, um sich seinen Frieden zu holen.

Gegen elf Uhr vormittags wurde er von einem Spaziergänger in einem Naturschutzgebiet, dem Bünder Doberg (Kr.Herford) gefunden. Zwischen 16 und 17 Uhr stand plötzlich die Kripo vor meiner Haustür, mit einem Seelsorger und ohne, dass der Kripobeamte bereits ein Wort erwähnt hatte, um was es sich handelt, fühlte ich sofort, dass Thomas der Grund war, weshalb sie dort vor mir standen. Mein Gefühl bestätigte sich. Es war, wie ein Schlag, mitten ins Gesicht.

Da ich dennoch nicht wirklich glauben konnte oder wollte, ob er es wirklich war und ich es zu dem Zeitpunkt nicht realisieren konnte, fuhr mein jüngster Sohn Martin zum Bestatter und identifizierte seinen ältesten Bruder und es wurde zur Gewissheit.

Durch den plötzlichen Tod meines Sohnes wurde mir bewusst, dass ich ihm gerne noch so vieles gesagt hätte. Doch die Möglichkeit hatte ich nicht mehr.

Da mir der Bestatter davon abriet, mich von meinem Sohn zu verabschieden und ihn noch ein letztes Mal zu sehen, bot er mir aber an, dass ich Thomas in seiner Urne, am Tag seiner Beerdigung, zu Grabe tragen kann, wenn dies mein Wunsch wäre. Noch heute bin ich dankbar für diesen Moment, denn ich habe ihn bei seiner Geburt in meinen Armen begrüßen dürfen und nun wollte ich ihn auch zum Abschied noch ein letztes Mal in meinen Armen halten.

Selbstzweifel, Vorwürfe, Sehnsucht und Vermissen, plagen mich seitdem bis heute und meine Welt hat sich komplett verändert. Meine Ansichten, Gedanken und Gefühle haben sich verändert. Ich habe mich verändert.
Es gibt ein Leben vor dem Tod meines Sohnes und es gibt ein Leben nach dem Tod meines Sohnes. Was vorher wichtig war, ist heute eher unwichtig und was früher eher unwichtig war, ist mir heute sehr wichtig.
Erinnerungen an die erste Zeit, der ersten Monate, ohne Thomas, habe ich nicht mehr und wenn, dann sind es Erinnerungen einer fremden Frau, aus einem fremden Leben, fernab dem, welches ich kenne. An den Weihnachtsfeiertagen, im gleichen Jahr manifestierte sich in mir der Wunsch, mir schnellstmöglich ein Tattoo mit und für Thomas stechen zu lassen, um ihn immer bei mir zu haben.

Somit machte ich noch zu Beginn des neuen, folgenden Jahres umgehend bei einem Tätowierer einen Termin zur Umsetzung meines „Lebensprojektes".

Ob Zufall oder nicht. Mir gab der Tätowierer einen Termin am 6. Januar. Auf den Tag genau vier Monate, die Thomas nun nicht mehr bei uns war.
Mir lag es sehr am Herzen, dass der Tätowierer die gleiche Schriftform der Buchstaben verwendete, wie Thomas sie auf beiden Unterarmen, für seine Töchter stechen ließ.

Ohne das Wissen, meines jüngsten Sohnes Martin, wohin die Reise geht, packte ich ihn mir ins Auto und fuhr zum Tattoo-Studio.

Erst während der Fahrt erzählte ich ihm von meinem Vorhaben, mir ein Tattoo stechen zu lassen, aber ich hatte auch Angst vor seiner Reaktion.
Zu meiner Überraschung reagierte er sehr positiv und bestärkte mich in dem Vorhaben und beriet mich sogar noch. Aber er spürte auch, dass es mir so wichtig war.

Nachdem der Tätowierer Thomas Namen in meinem Arm verewigt, aber sein Werk noch nicht ganz vollendet hatte, roch ich plötzlich meinen verstorbenen Sohn, als wolle er noch einmal vorbeischauen und kontrollieren, ob die Arbeit des Tätowierers auch gut gelungen sei, aber auch währenddessen empfand ich in keinster Weise Schmerz und es ging mir sogar währenddessen gut dabei und seit langem hatte ich endlich wieder ein Gefühl, der besonderen Nähe, zu meinem Sohn Thomas.

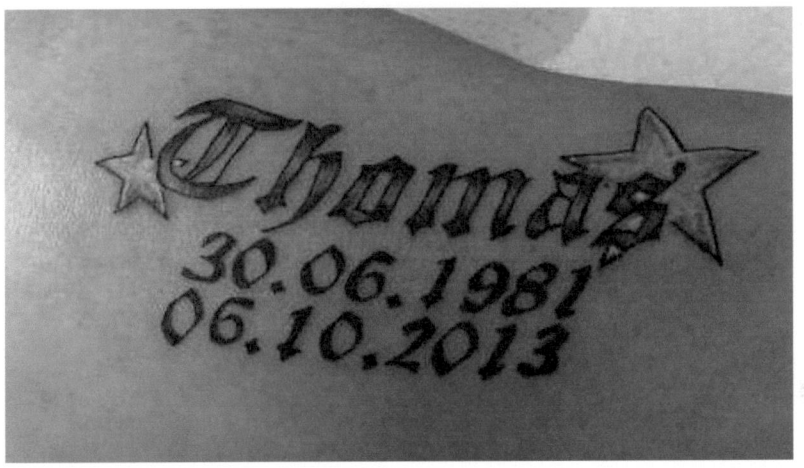

Obwohl dieses Werk vollendet war, fehlte mir noch „etwas" und es fühlte sich so unvollständig an. Für MICH war es noch nicht vollendet.
So plante ich also das zweite und letzte Projekt.

Mein Sohn Thomas hatte den Spitznamen „Tommsen". Er wurde von all seinen Bekannten und Freunden so genannt. Nur ich nannte ihn immer bei seinem richtigen Namen. Aber mir war es nun ein großes Bedürfnis, ein Tattoo in Form seiner persönlichen Unterschrift auf meinem linken Unterarm, verewigen zu lassen.

Seit diesem zweiten und letzten Tattoo, ist in mir eine tiefe Ruhe eingekehrt und mein Projekt Thomas „Tommsen" abgeschlossen, auch wenn Traurigkeit, Vermissen und die Sehnsucht nach ihm, immer bleiben werden, war das Thema „Tattoo" für mich ein ganz wichtiger Schritt zu meiner Trauerverarbeitung und Thomas wird mir immer nah sein, nicht nur in meinem Herzen, auch auf meiner Haut.

Evelyne C.

Tobias H.
*30.08.1986 +17.01.2010

Mein Sohn Tobias ist immer bei mir

Ein Tattoo? Ich? Niemals! Und für alle Mitmenschen sichtbar - unmöglich. Und dann auch noch personenbezogen mit Namen und Daten - das war für mich nicht vorstellbar. Dies war meine Meinung bis zu dem Tag, der alles veränderte.

Ich feierte meinen 49. Geburtstag. Alles verlief nach meinen Wünschen. Ich verabschiedete meine Gäste, räumte noch ein wenig auf und legte mich zu Bett. Und dann schlug das Schicksal zu. Wenige Stunden später, am 17. Januar 2010, verstarb mein Sohn Tobias an plötzlichem Herztod.

Tobias war 23 Jahre alt und ein sehr aufgeschlossener junger Mann. Sport war seine große Leidenschaft, speziell Handball. Er spielte seit seinem 6. Lebensjahr und im Tor zu stehen, das war seine große Passion. Durch einen Sportunfall im Jahr 2008 mit Kreuz- und Seitenbandabriss im Knie und nachfolgenden Komplikationen war es ihm nicht möglich, an dem

Aufstieg seiner Mannschaft in die Verbandsliga teilzunehmen. Erst nach mehreren Operationen befand er sich auf dem Weg der Besserung. Den Verein hat er dann auch verlassen, um sich auf Beruf und Freundin zu konzentrieren, mit der er zwischenzeitlich zusammengezogen war. Weihnachten 2009 verkündete er uns aber voller Stolz, dass er einen neuen Verein gefunden habe, bei dem er im folgenden Jahr wieder langsam mit seinem geliebten Handball anfangen könne. Und dann kam das Wochenende im Januar 2010 das mein Leben komplett veränderte.

Ich hatte am Samstag Geburtstag und freute mich auf Tobias und seine Freundin Ivonne. Während der Woche rief er an und sagte: „Mama, wir kommen schon zum Kaffeetrinken und haben dann viel Zeit zum Quatschen". Die jungen Leute haben ja an den Wochenenden immer keine Zeit, müssen ausschlafen, sich mit Freunden treffen und, und, … .
Aber dieses Wochenende sollte alles ganz anders sein.

Wir verbrachten einen wunderschönen Nachmittag miteinander und ebenso einen rundum schönen Abend mit all meinen Geburtstagsgästen. Gegen 22:30 meinte Tobias: „Mama, wir fahren nach Hause. Ivonne hat starke Kopfschmerzen". Gesagt, getan. Sie verabschiedeten sich von meinen Gästen mit der Bemerkung: „Bis zum nächsten Geburtstag". An der Haustüre nahm er mich noch in die Arme und sagte: „Mach's gut Kleine. Ich melde mich". Das war sein Lieblingsspruch. Verständlich bei seiner Größe von 2,07 Meter. Ich war immer seine kleine Ma.

Am anderen Morgen wurden mein Mann und ich dann von stürmischen Klingeln an der Haustüre geweckt. Zwei Polizeibeamte eröffneten uns, dass Tobias im Krankenhaus liegt und reanimiert wird. Er sei auf der Straße kurz vor seiner Wohnung am frühen Morgen zusammengebrochen aufgefunden worden.

Im Krankenhaus angekommen fanden wir im Wartebereich bereits Tobias Freundin Ivonne vor. Sie saß dort vollkommen apathisch und die sie begleitende Freundin schüttelte nur mit dem Kopf. Ich fragte nach Tobias und wieder nur ein Kopfschütteln. Nein, nein, nein … Ich konnte und wollte es nicht glauben. Nicht Tobias, nicht Tobias, nein, nein, … Ich habe geschrien, geweint, Gott angefleht, es nicht begriffen, es nicht wahr haben wollen. Mein Kind ist tot, tot, tot, …

Nachdem uns zwei Polizeibeamte zum Tod von Tobias befragt hatten und uns dann eröffneten, dass sein Leichnam für eine Obduktion beschlagnahmt sei, erfuhren wir einige Tage später, dass unser Sohn an plötzlichem Herztod ohne äußere Einwirkung verstorben war.

Nun begann die schwere Zeit, meine Trauer. Ich war auf der Suche nach Tobias, nach seinem Lachen, nach seiner Nähe, nach meinem Kind. Ich suchte nach allem, was mir meinen Sohn zurückbringen könnte bzw. ein Stück Tobias, was ich immer bei mir haben könnte.

Ein halbes Jahr später bin ich mit meinem Mann nach Rügen gefahren, um der Trauer zu entfliehen. Auf einem Ausflug sind wir auf einen Mittelaltermarkt gestoßen. Bei einem Stand mit Silberschmuck kam ich mit einer Händlerin ins Gespräch und erzählte ihr von meinem Schicksal und meiner Suche. Sie zeigte mir ein Schmuckstück und meinte, dass es mir helfen würde. Es stelle den Baum des Lebens dar und auf ihre Frage, ob sie es besprechen solle, antwortete ich mit Ja. Ich griff nach diesem Teil wie nach einem Rettungsanker und fortan begleitete es mich jeden Tag. Ein Tattoo kam für mich zu diesem Zeitpunkt immer noch nicht infrage.

Meine Suche nach ein Stück Tobias ging weiter, eigentlich nach ganz viel Tobias. Dann brachte mir eine liebe Arbeitskollegin aus Neuseeland ein Manaia mit. Es stellt den Boten zwischen der irdischen Welt der Sterblichen und dem Reich der Seelen dar. Auch dieses Teil hing fortan um meinen Hals. Aber es reichte mir nicht. Meine Suche ging weiter.

Eigentlich wollte ich etwas Tag und Nacht bei mir tragen, was mir meinen Schmerz und meinen Verlust zu ertragen geholfen hätte. Egal wie viele Schmuckstücke ich mir anfertigen ließ oder mir kaufte, es reichte mir nicht. Ich fand nicht zu meinem Seelenheil. Was suchte ich eigentlich?

Im Frühjahr 2012 fiel mir dann ein Bild in die Hand, welches ein gebrochenes Herz darstellte. Das war's. Es symbolisierte genau das, was ich fühlte. Mein Gefühlschaos zwischen Leben, Tod und Trauer, die Verbindung zu Tobias. Aber wie kann ich es bei mir tragen? Wieder ein Schmuckstück? Oder ein Tattoo? Aber ich und ein Tattoo? Aber es wäre eine Möglichkeit! Nun, der Gedanke musste erst einmal bei mir reifen. Aber es war eigentlich die einzige Möglichkeit diese Symboldarstellung immer bei mir zu tragen. Zunächst noch ein paar Überlegungen zur Darstellung - mein Herz ist gebrochen, aber es blutet auch. Also gebrochenes Herz, wo Blut herausläuft und zu Boden tropft. Nächster Punkt - mein Mann. Als ich ihm meinen Wunsch vermitteln wollte, war er aufgebracht und konnte nicht glauben, dass ich mich tätowieren lassen wollte. Und dann noch dieses Motiv und mit Blutstropfen und dann noch für alle sichtbar auf dem Unterarm. Viele Diskussionen folgten. Musst du ein Tattoo haben? Gibt es keine andere Möglichkeit deinen Gefühlen Ausdruck zu verleihen? Ich mag es einfach nicht, dass du dich tätowieren lässt. Und wo eines ist, folgen auch weitere - so die Bedenken meines Mannes. Der Wunsch hatte sich bei mir aber so festgesetzt, dass mein Mann schließlich keine andere Möglichkeit mehr sah, als meinem Wunsch zu entsprechen. Aber es gab auch Bedingungen - Nur ein Tattoo und er will bei der Besprechung beim Tätowierer mit dabei sein - geschafft. Nächster Punkt - Gutes Tattoo-Studio. Also bei Freunden und Bekannten nachgefragt - mit positivem Ergebnis. Nächster Punkt - Termin für Kontrolle des Studios und Motivbesprechung - eingetütet.

Endlich war der erste lang ersehnte Termin beim Tätowierer gekommen. Ich war an diesem Tag ganz aufgeregt und konnte den Abendtermin kaum erwarten. Auch mein Mann konnte es so einrichten, dass er früher seine Arbeit beenden konnte, um mit dabei zu sein. Wir trafen uns vor dem Studio und gingen gemeinsam hinein. Es sah alles sauber und ordentlich aus und auch der Tätowierer war uns beiden sympathisch. Nachdem er meine Skizze in Augenschein genommen hatte und mit mir das endgültige Aussehen besprochen hatte, kam seine Frage: „Wie groß soll denn das Tattoo werden?" Von mir völlig unerwartet kam dann ganz spontan von meinem Mann folgender Kommentar: „Ach, ich schenke meiner Frau zu Weihnachten eine Lupe. Dann weißt du ja, wie groß es sein darf." Der Tätowierer schaute mit großen fragenden Augen zwischen meinem Mann und mir hin und her, bis er bemerkte, dass er diese Aussage nicht unbedingt auf die Goldwaage legen durfte. Anschließend konnten wir uns dann auf das Format einigen. Dann schlug er mir den Termin für die endgültige Ausführung vor. Ich fiel fast aus allen Wolken. Ich sollte noch fast ein halbes Jahr auf die Fertigstellung warten, warten, warten …

Aber dann war es so weit und das Ergebnis fiel zu meiner vollsten Zufriedenheit aus und auch mein Mann kam mit meinem Tattoo zurecht.

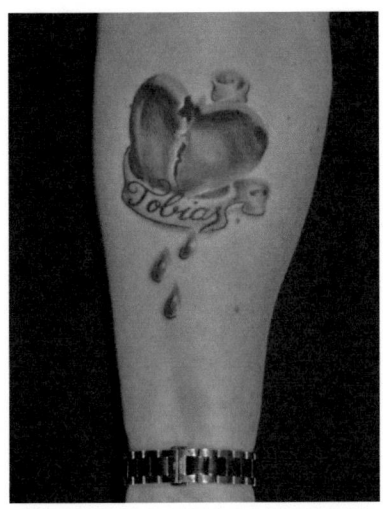

Dieses Tattoo zeigt, wie ich mich nach dem Tode meines Sohnes gefühlt habe. Mein Herz fühlte sich an, als sei es auseinandergebrochen und als blutete es so allmählich aus. Mein Herz war wie mein Leben - leer, leer, leer … Meine Seele verlangte nach meinem Kind, es in die Arme zu nehmen, seinen Geruch einzuatmen und sein Lachen zu hören. Ich hätte ihn gerne noch ein Stück seines Weges begleitet.

Nun, fast 5 Jahre nach dem Tod von Tobias, sehe ich mein Tattoo in einem ganz anderen Licht. Der Name meines Sohnes hält mein Herz zusammen. Er sorgt dafür, dass ich weiter Leben kann, denn nun kommen nur noch einzelne Blutstropfen aus meinem Herzen. Ich kann wieder positiv in die Zukunft sehen. Dieses Tattoo ersetzt aber nicht die starke Sehnsucht nach meinem Sohn, die ich immer noch verspüre. Aber jedes Mal, wenn ich auf mein Tattoo angesprochen werde, kann ich von meiner Sehnsucht und von meinem Sohn erzählen. Und ich habe dann die Möglichkeit den Namen meines Kindes laut auszusprechen:

TOBIAS

Marion H.

Yannik W.

*09.04.2009 +01.05.2014

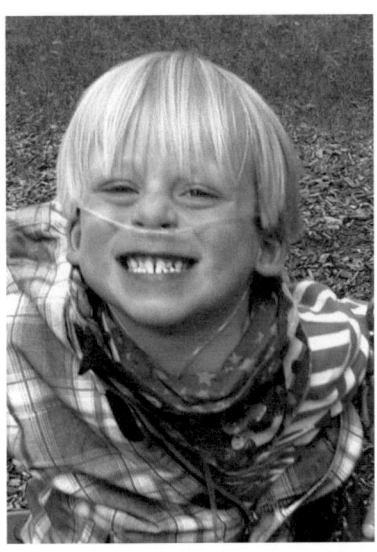

Unser Sohn Yannik kam am 09.04.2009 in Siegburg geplant zur Welt. Er war unser erstes Kind. Etwa zwei Wochen zuvor haben wir erfahren, dass er ein hypoplastisches Linksherz haben wird. Wir wussten, dass es ein Kampf wird. Dennoch haben wir uns ohne zu überlegen direkt für den Kampf mit ihm entschieden.

Um seinen Werdegang halbwegs zu verstehen, möchte ich kurz auf die Besonderheit bei diesem Herzfehler eingehen. Vereinfacht könnte man sein Herz als halbes Herz bezeichnen. In dieses halbe Herz fließt viel zu viel Blut (sauerstoffarmes und sauerstoffreiches Blut), was sich ja sonst auf die zwei Herzhälften aufteilt. Ziel ist, dass das halbe Herz nur das sauerstoffreiche Blut aus der Lunge in den Körper pumpt. Das sauerstoffarme Blut, was aus dem Körper kommt, soll passiv in die Lunge fließen (alle anderen haben dazu die zweite Herzhälfte, die bei Yannik aber fehlt). Dazu sind drei große Operationen im Säuglings- und Kleinkindalter notwendig. Nach der dritten Operation, der Fontanoperation, sollte alles gut sein. Sollte ...

Die ersten beiden Operationen, mit fünf Tagen und mit drei Monaten, hat er bis auf die normalen leichten Komplikationen super gemeistert. Er entwickelte sich gut. Nach zwei routinemäßigen Herzkathetern wurde kurz nach seinem dritten Geburtstag die dritte und eigentlich letzte Operation, die Fontankomplettierung, angesetzt. Leider erkrankte Yannik direkt postoperativ am RSV-Virus. Wahrscheinlich war dieser die Ursache dafür, dass der Lungendruck so enorm stieg. Ist der Druck in der Lunge zu hoch, kann dieser Fontankreislauf nicht gut funktionieren, denn schließlich soll das sauerstoffverbrauchte Blut passiv in die Lungen fließen. Zu hoher Gegendruck ist dabei kontraproduktiv. Yannik lag somit ab April 2012 über drei Monate im künstlichen Koma, da er weder essen noch trinken durfte, weil über die Pleuradrainagen jeden Tag 2,5 Liter Lymphflüssigkeit liefen. Er wurde noch dreimal operiert, bekam noch vier Herzkatheter und zusätzlich die maximale Medikamententherapie. Die Ärzte rechneten ihm keine großen Chancen aus. Trotzdem konnte Yannik nach knappen fünf Monaten mit dreizehn Medikamenten, die er mehrmals täglich nehmen musste, und einer Dauersauerstofftherapie nach Hause entlassen werden.

Yannik konnte weder laufen noch sitzen. Doch das erkämpfte er sich in den folgenden Wochen und Monaten zurück. Seinen Sauerstoffschlauch, den er fortan immer tragen musste, akzeptierte er, als wäre er immer schon da gewesen. Seine Medikamente nahm er ohne zu murren. Und auch sonst war er ein ganz lieber kleiner Junge, der sein Leben sichtlich genoss. Körperlich war er etwas schwach auf der Brust, aber das störte ihn nicht. Er kannte seine Grenzen und testete sie auch gerne aus. Auch wenn seine Sauerstoffsättigung häufig nur zwischen 70 und 75 % lag, bei Belastung auch gern noch tiefer, entwickelte er sich gerade geistig prächtig weiter.

Sein vierter Geburtstag war sein erster Geburtstag, bei dem wir einen richtigen Kindergeburtstag veranstalten konnten. Alle hatten großen Spaß.

Mit viereinhalb Jahren durfte er dann das erste Mal in den Kindergarten gehen, entgegen aller Empfehlungen der Ärzte. Er freute sich riesig. Erstmals konnte er, begleitet von einer Krankenschwester und einer integrativen Kraft, seine sozialen Kontakte mit gleichaltrigen Kindern entwickeln und war entgegen unserer Angst ein sehr beliebtes Kind. Er ging sehr gerne in den Kindergarten und konnte locker mit den Vorschulkindern mithalten. Yannik wünschte sich immer, dass er bald sechs Jahre alt wird, damit er schnell in die Schule kommen kann. Er las so gerne alle Buchstaben und erste Worte. Er rechnete sogar schon kleine Aufgaben. Wir waren unendlich stolz. Unser kleiner Professor. Er wollte Ingenieur werden, so wie die Mama. Oder Polizist, so wie der Papa. Und natürlich zur freiwilligen Feuerwehr - so wie seine Eltern.

Dann hieß es, dass es so medizinisch nicht weitergehen kann. Sie sagten, dass der kleinste Infekt alles zum Zusammenbrechen bringen könnte. So wollten sie keine Prognose abgeben, ob er es überhaupt bis zur Einschulung schafft. Es sollte somit eine stabilisierende OP durchgeführt werden, bevor er auf die Transplantationsliste zur Herz-Lungen-Transplantation aufgenommen werden sollte. Diese OP fand eine Woche nach seinem 5. Geburtstag statt. Gott sei Dank haben wir ihm erlaubt diesen Geburtstag im Kindergarten mit seiner Kindergartengruppe zu feiern. Es war sein letzter Geburtstag und die wahrscheinlich schönste letzte Erinnerung, die wir ihm schenken konnten. Mit Mundschutz bewaffnet durfte er nochmal einen Tag im Kindergarten verbringen, nachdem wir ihn ja schon zwei Monate zuvor, aufgrund der Infektionen und mehrerer OP-Termin-Verschiebungen, nicht mehr gehen lassen konnten. Die OP dauerte dreizehn Stunden. Direkt am Folgetag wurde klar, dass irgendwas falsch gelaufen sein muss. In seiner Lunge bildete sich eine seltene Krankheit aus: Bronchitis Plastica. Hierbei presst der Körper Eiweiße in die Lunge. In diesen Teilen wird die Lunge nicht beatmet. Da es bei Yannik sehr massiv von heute auf morgen kam, mussten jeden Tag bis zu vier Bronchoskopien durchgeführt werden, um diese sogenannten Casts zu entfernen.

Bis es eines Tages nicht mehr ging …

Er kam als Notfall an die ECMO, weil seine Lunge versagte. Die ECMO ist eine Maschine, die fortan die Lungenfunktion übernehmen musste. Die Bronchitis Plastica ist eine so seltene Erkrankung, dass es noch keine Behandlungsmöglichkeiten gibt. Zu dieser Erkrankung kam dann im Verlauf noch die seltene Blutgerinnungsstörung von-Willebrand-Syndrom. Die kleinste Verletzung hörte von da an nicht mehr auf zu bluten. Dann kam es wie es kommen musste. Bei einer Bronchoskopie verletzten sie eine kleine Ader innerhalb der Lunge. Yannik blutete in die Lunge ein. Man konnte nichts mehr machen. Es gab keine Hoffnung mehr. Alles, woran wir glaubten, war von da an passé … Die gesamte Familie reiste an diesem Tag in die Klinik. Wir konnten uns in Ruhe von unserem kleinen Kämpfer Yannik verabschieden. Einen Tag später, am 01. Mai 2014, mussten wir die ECMO abstellen lassen. Es dauerte keine dreißig Sekunden bis er in unseren Armen zu den Engeln reiste.

Alles sollte besser werden. Doch das wurde es nicht. Alles wurde schlimmer und wird nie wieder, wie es war.

Unser Yannik. Er war ein ganz normaler Junge, für den es aber auch normal war, sich alles in seinem Leben zu erkämpfen. Er liebte es zu malen und zu basteln, spielte aber auch genauso gerne Fußball. Alles in dem Rahmen, wie es ihm sein Körper erlaubte. Für ihn war das normal und er akzeptierte das. Sein Sauerstoffschlauch gehörte genauso zu ihm, wie seine blonden langen Haare, sein verschmitztes Lachen und seine Art, wie er uns alle um den Finger wickeln konnte. Er war der beste große Bruder der Welt für seine beiden kleinen Brüder Emil und Lennart. Yannik war immer freundlich und stets gut gelaunt. Er ging immer mit einem Lachen ins Krankenhaus und verzauberte so alle Ärzte und Schwestern. Und er war unglaublich schlau.

Wir sind unendlich stolz seine Eltern zu sein.

Er fehlt uns allen hier auf Erden unendlich. Es ist bis heute unverständlich, wie so ein kleines Kind aus seinen Reihen gerissen wird und sich die Welt einfach weiterdreht, als wäre nichts gewesen.

Deswegen spendeten wir seinen Körper nach seinem Tod der Forschung. Yannik hatte drei seltene Erkrankungen. Vielleicht kann man wenigstens eine davon genauer erforschen und so dieses Schicksal anderen Kindern ersparen. Ich hoffe, die Medizin macht da noch gewaltige Fortschritte. Außerdem hoffe ich, dass die Spendenbereitschaft wächst. Mit einem größeren Angebot an Spenderorganen hätte man die OP nicht versucht, sondern von vornherein auf die Warteliste gesetzt. Mit einer Wartezeit von mehreren Jahren hätte er es aber wahrscheinlich nicht mehr geschafft. Nur aus diesem Grund wollte man ihn nochmals operieren.

Ich wünsche allen Eltern kranker Kinder, dass sie ihren Optimismus nie verlieren und an ihre Kinder weitergeben, so wie wir es mit Yannik getan haben.

Unser Motto war stets: „Nicht die Jahre in unserem Leben zählen, sondern das Leben in unseren Jahren!"[4].

Und allen verwaisten Eltern wünsche ich viel Kraft, dieses Schicksal irgendwie zu verarbeiten und ihr Leben weiter zu leben. Mit ihrem toten Kind im Herzen. Unvergessen. Immer geliebt.

Hey Yannik,

heute möchte ich dir mal wieder etwas erzählen.

Ich habe mir ein Tattoo stechen lassen. Es soll mich und alle anderen immer an dich erinnern.

Du mochtest deine Klebetattoos auf deinen Armen und Händen ja auch immer schon.

Nun, wo du nicht mehr hier bei uns bist, war schnell der Entschluss gefasst, dass ich ein Tattoo möchte, das dir gewidmet sein soll! Du warst

---

[4] „Nicht die Jahre in unserem Leben zählen, sondern das Leben in unseren Jahren."
Adlai Stevenson (1900-65) Quelle: wikiquote.org

fünf Jahre lang neben deinen Brüdern das Wichtigste in meinem Leben und du bist es noch. Außerdem sollst du es immer bleiben.

Weißt du, wie ich auf die Motive kam? Ich erzähle es dir!

Schon kurz nach deiner Geburt nannte dein Papa dich das erste Mal liebevoll „unser kleiner Frosch". Du hast deine Schnute immer so süß zusammengezogen und deine Zunge heraus gestreckt, wie ein kleiner Frosch. Später als du größer wurdest, bist du mit mir zusammen durch das Haus gesprungen. Wir haben gelacht und zu deiner Lieblingsmusik getanzt. Obwohl dein kleines Herz von Anfang an nicht das gemacht hat, was es sollte, warst du niemals unterzukriegen. Du warst gerade drei Jahre alt geworden. Drei Monate im künstlichen Koma, kein Problem für Yannik! Du hast dich zurückgekämpft und hast alles wieder neu gelernt. Und nur vier Monate später bist du mit deinem kleinen Bruder wieder durch das Haus gesprungen. Unser kleiner Frosch …

Tattoo by Fiona Coogan

Dein Kosename stand somit schnell als Tattoomotiv fest. Zumal du alles liebtest, was kreucht und fleucht in der Flora und Fauna der großen weiten Welt („Aber nicht anfassen Mama!", hast du immer gesagt.). Darunter sollte dein Name stehen. So sollst du bis in alle Ewigkeit auf meiner Haut verewigt sein. So sollst du nicht nur für mich in meinem Herzen unvergessen sein, sondern auch für alle anderen unter meiner Haut. Zumindest immer dann, wenn sie mich sehen. Der Frosch guckt total verschmitzt. So wie du es auch immer konntest. Als hättest du was ausgefressen. Rund um den Frosch sind einige Tautropfen tätowiert. Sie stehen für all die Tränen, die wir seit deinem Tod im Mai 2014 um dich weinten und auch in Zukunft noch weinen werden.

Du und deine Geschwister sind das größte Glück der Welt. Marienkäfer, als Symbol für dieses Glück, das wir mit dir erleben durften und das in Form deiner Geschwister noch immer hier bei uns ist, zieren die Blattspitzen unterhalb des Frosches. Als wir erfahren haben, wie schwer krank dein halbes Herz wirklich ist und dass du wohl ein neues Herz und eine neue Lunge brauchen wirst, bin ich kurz darauf mit deinem Bruder Lennart schwanger geworden. Einer kommt, einer geht und einer bleibt … Das war damals mein erster Gedanke. Deshalb sollten es drei Marienkäfer werden: Einer kommt, einer geht und einer bleibt …

Du warst das tollste Kind der Welt. Mein erstes Kind. Unser erstes Kind. Deine Stärke, dein Mut, all das hat uns und andere Eltern immer berührt. Wenn wir mit dir auf den Treffen waren, wo andere Kinder auch nur ein halbes Herz hatten, warst du immer ganz begeistert, dass du nicht der Einzige bist. Beim letzten Benefizfußballturnier hast du einfach mitgespielt als hättest du nichts. Dein Sauerstoffschlauch hast du einfach immer akzeptiert. Er gehörte zu dir. Zwei Jahre lang. Du hast es nie in Frage gestellt. Du hast deine Pausen gemacht und danach einfach weitergespielt. Du hast anderen Eltern Mut gemacht, ihre Kinder so zu akzeptieren, wie sie sind. Das wird mir heute noch immer wieder gesagt.

Und deshalb stand für mich auch fest, ein kleines Tattoo reicht nicht als Gedenken an dich und dein Leben aus. Du bist mehr wert. Du brauchst einfach mehr Platz auf meinem Körper. Denn du hast fünf Jahre lang unser Leben bereichert. Jeder Tag war ein Geschenk. Egal, wie schwer er war. Du hast für uns die Sonne zum Strahlen gebracht mit deinem unermüdlichen Lächeln.

Da du nicht mehr bei uns auf Erden bist, sollte ein Symbol für den Tod das Tattoo zieren. Was gibt es ein schöneres Symbol für den Tod als die Raupe. Jede Raupe wird zum Schmetterling. Sie verpuppt sich und ist lange Zeit nicht da. Vielleicht denkt man, sie ist tot, aber dann wird sie wiedergeboren als wunderhübscher Schmetterling. Auch dieser ziert nun als Symbol für das Leben, die Verwandlung und die Auferstehung meine Schulter. Schön bunt - so wie du es gerne hast. Der Schmetterling sollte strahlen, in schönen bunten und auffälligen Farben. Er ist nun in rot, gelb und orange für dich auf meiner Schulter. Er schaut mich immer an. Dabei denke ich an dich. Vielleicht wirst du ja irgendwann wiedergeboren als kleiner bunter Schmetterling. Und dann sitzt du im Sommer immer auf unserem Flieder, spielst mit all den anderen Schmetterlingen und beobachtest mich, deinen Papa und deine beiden kleinen Brüder, wie wir im Garten spielen und dich so gern dabei hätten.

Tattoo by Fiona Coogan

Kannst du dich eigentlich an deinen Nistkasten erinnern, den du in der Reha in Tannheim gebastelt hast? Blöde Frage. Klar kannst du das. Da warst du gerade drei Jahre alt. Du konntest nach deiner Fontanoperation fünf Monate zuvor, gerade erst zwei Wochen wieder laufen. Du warst so stolz. In einer Auktion kauften wir deinen Nistkasten und suchten zu Hause einen guten Platz dafür. Er hing fortan an eurem Klettergerüst bei uns im Garten. Ich war eher skeptisch, ob da jemals Vögel drin nisten würden. Denn schließlich habt ihr immer gerne auf dem Gerüst gespielt. Aber du warst nicht davon abzukriegen. Für dich war klar, dass da irgendwann Vögel drin nisten. Und weißt du, was passiert ist? Als du gestorben bist und wir aus dem Krankenhaus nach Hause fahren mussten, sind wir in den Garten gegangen. Und weißt du, was wir da direkt gehört haben? Vogelgezwitscher. Wir sind dann den Geräuschen gefolgt.

Und tatsächlich - in diesem Jahr, im Mai 2014, waren das allererste Mal Vogelküken in dem Nistkasten. Schade, dass du es selbst nicht mehr live sehen konntest. Du hättest dich so sehr gefreut. Dafür sollte ein Vogel in dem Tattoo einen festen Platz bekommen. Er steht für deinen Optimismus, der immer auf uns abgefärbt hat.

Diesen Sommer blühten die Blumen in unserem Garten besonders schön. Du hast geholfen, sie mit mir gemeinsam einzupflanzen ... Immer, wenn ich sie sehe, denke ich an dich. Du hast Blumen geliebt, wie eigentlich alles auf der Welt. So sollten die Blumen für dich auf meiner Haut weiter blühen. Sie werden nie verwelken. Sie blühen für dich! Nur für dich! Die ganzen Bienen und Hummeln, die an die Blumen kamen, um den Nektar zu saugen, haben dich mehr fasziniert als gestört. Also wird bald auch eine Hummel in dem Tattoo ihren Platz finden. Sie steht dafür, dass du immer „Hummeln im Hintern" hattest. Und das, obwohl du körperlich nicht so leistungsfähig warst, wie du gern wolltest! „Hummeln im Hintern" ... So wie ich. Deine Mama ... Natürlich müssen auch noch mehr Blumen dorthin. Wie sollen die Hummel und der Kolibri sonst ihren Hunger stillen? Aber das schaffe ich erst im Januar. Bis zu deinem 1. Todestag am 01. Mai 2015 soll es auf jeden Fall fertig sein.

Zu guter Letzt sollte ein weiteres Symbol seinen Platz in dem Tattoo finden. Du musstest immer kämpfen. Seit deiner Geburt bis zu deinem Tode. Mal mehr, mal weniger.

In Japan symbolisieren Libellen Mut, Stärke und Glück. Für einige amerikanische Indianerstämme stehen Libellen als Symbol für die Erneuerung nach großen Leidenszeiten. Deine Leidenszeit nach der letzten OP, 4 Wochen vor deinem Tod, so kurz nach deinem fünften Geburtstag, war deine schlimmste Leidenszeit, die du leider nicht überstanden hast. Du hast deinen Kampf verloren. Du hattest keine Chance. Andere haben für dich entschieden ...

Tattoo by Fiona Coogan

Ich hoffe, du erneuerst dich und kommst irgendwann wieder zu uns zurück. Bis dahin trage ich dich in meinem Herzen, in meinen Gedanken und nun auch unter meiner Haut. Denn ein Mensch ist erst dann wirklich tot, wenn niemand mehr an ihn denkt. Ich bin mir sicher, dass du niemals tot sein wirst. Du lebst in uns weiter. Bis wir wieder vereint sind. Sei es durch die Auferstehung und Erneuerung oder unseren eigenen Tod. Wir sehen uns wieder! Da bin ich mir sicher!

Solange ich lebe, solange ich bin, solange bist du ein Teil von mir!
Für immer und ewig!

Deine dich liebende Mama

Svenja W.

Danksagung

Unser Dank geht an alle, die uns bei diesem Buchprojekt tatkräftig unterstützt haben.

Besonders erwähnen möchten wir:

Christiane Sawilla
Christina Helm
Daniel Ladwig
Karen Flemming
Katrin mit Lina im Herzen und unter der Haut
Kerstin Klein mit Tobi im Herzen
Lisa Hagemann mit Oskar im Herzen
Nicole Halle
Regina Kramer
Ursula und Michael Raden mit *Michi

Für die freundliche Abdruckgenehmigung bedanken wir uns sehr herzlich bei

Alexandra Wirth, „Tattoo" Seite 11
VEID e.V. Wortmarke „Verwaiste Eltern" www.veid.de

gewidmet

Alena B. Annika F. Claudia E. Corinna E.
Daniel D. Daniel H. Daniel W. Daniela L.
Dennis K.-L. Dennis R. Dominik N. Fabian M.
Franziska L. Jannik P. Julienne H. Kawe F.
Kevin B. Kiki W. Lara K. Lisa D. Maik B.
Marcel R. Marcel Sch. Mario P. Martin W.
Max S. Michi R. Miriam B. Philipp K.
Robin K. Sandra W. Steven L. Thorsten G.

Whisper von Soul
Voll doof tot zu sein, wenn alle traurig sind
ISBN: 978-3-7322-9011-6

© 2013 Whisper von Soul e.V.
www.whispervonsoul.blogspot.de